君成 著

# 给孩子的情商课

天津出版传媒集团

天津科学技术出版社

图书在版编目（CIP）数据

给孩子的情商课 / 君成著 . —— 天津：天津科学技术出版社，2022.2（2023.12 重印）

ISBN 978-7-5576-9838-6

Ⅰ . ①给… Ⅱ . ①君… Ⅲ . ①情商－儿童教育－家庭教育 Ⅳ . ① G782

中国版本图书馆 CIP 数据核字 (2022) 第 013788 号

---

给孩子的情商课

GEI HAIZI DE QINGSHANG KE

策划编辑：杨　謘

责任编辑：马　悦

责任印制：兰　毅

出　　版：天津出版传媒集团
　　　　　天津科学技术出版社

地　　址：天津市西康路 35 号

邮　　编：300051

电　　话：（022）23332490

网　　址：www.tjkjcbs.com.cn

发　　行：新华书店经销

印　　刷：三河市华成印务有限公司

---

开本 880×1 230　1/32　印张 6　字数 160 000

2023 年 12 月第 1 版第 2 次印刷

定价：35.00 元

著名心理学家丹尼尔·戈尔曼曾说："使一个人成功的要素中，智商只占20％，其他因素占80％。在这80％中，情商占了很大一部分。"大量的事实证明，高情商是一个人获得成功的关键。高情商的人可以充分发挥潜能、有效调节情绪，可以与周围的人和环境保持良好的亲近度。因此，高情商的人会获得更多的机遇，从而实现自己的梦想。在风靡全球的电影《阿甘正传》中，阿甘是一位智商只有75的低能儿。但富有传奇色彩的是，无论是在体坛、战场、商界，还是在情场，成功总是伴随着他。这个故事在一般人眼里只是一个"虚构的传奇"，也称得上是对"傻人有傻福"的经典诠释。但阿甘的成功并非偶然，而是情商的巨大力量在发挥作用。他常说一句话："妈妈告诉我，人生就像一盒巧克力，你永远不知道下一块会尝到什么味道。"

情商是一个人最重要的生存能力之一，是一种发掘情感潜能、运用情感能力影响生活各个层面和人生未来的品质。情商是一种洞察人生价值、揭示人生目标的悟性，是一种克服内心矛盾冲突、协调人际关系的技巧，是一种生活的智慧。所以，我们有理由说：高情商的人比高智商的人更容易获得成功。

　　不同于智商，情商不是与生俱来的。高情商可以通过后天努力培养出来。提高情商的过程，其实就是一种自我丰富、自我认知的过程。《给孩子的情商课》就是一本帮助孩子发掘情感潜能、运用情感能力的书。它以当下情商研究方面的基本理念、培养方法和教学案例为基础，通过国内外大量事例，从情商的作用、自我认知、自我管理、社交能力、领导能力、抗挫折能力等方面，系统而生动地提出了一套培养孩子情商的课程。本书能够让孩子在轻松的阅读中，切身感受到情商带给自己的深刻体悟与巨大能量，获得实用的人生指导，从而更好地发挥自己的情商，成就美好的未来。

目 录

C O N T E N T S

第三章　我能管好我自己：
## 掌控自己，才能掌控复杂的世界

# 第四章　我有很多好朋友：
## 做一个懂沟通会说话的孩子

# 第五章　请安静，听我的：
## 我能带领大家达成目标

## 第六章　我能更强大：
# 失败没什么大不了

第一章

情商高的孩子有好未来

给自己种一棵情商树、

# 人生重要的一课：情商 •

1990 年，美国心理学家彼得·萨洛维和约翰·梅耶提出了一个新的心理学概念——情商。1995 年 10 月，美国哈佛大学心理学博士、美国《纽约时报》的专栏作家丹尼尔·戈尔曼出版了《情商》一书，把情商这一概念介绍给大众。该书也迅速成为世界范围内的畅销书。

丹尼尔·戈尔曼说："成功是一个自我实现的过程。如果你控制了情绪，便控制了人生；认识了自我，就成功了一半。"这句话影响着一代又一代的青年。它告诫每一个青年：如果你拥有了高情商，那么你就可以让心中时时充满能量。

随着人类对自身能力认识的深入，越来越多的人开始认识到在激烈的现代竞争中，情商的高低已经成为决定人生成败的关键因素。作为高情商的受益者，美国前总统布什说："你能调动情绪，就能调动一切！"

不知大家有没有注意到：有些人虽然物质生活不富有，但是看起来幸福满足，生活中充满了欢笑；而那些相对富有的人却经常抱怨生活的不公，总是花大把的时间跟身边的每个人倾诉他们糟糕的处境。

学业和事业的成功一定是幸福所必需的吗？一个人有多成功和一个人有多幸福，二者之间的关系我们应该怎么来协调？答案就是情商——一种了解和控制自身和他人情绪的能力。有了它，你就可以把握说话做事的分寸，去促成想要看到的结果。那么，什么是情商呢？

情商（emotional quotient）是指情绪商数。但这样的答案显然过于简略。要想更深入地认识情商，就有必要了解情商与智商的关系。因为在某种程度上，情商这一概念是作为智商的对立面提出的。丹尼尔·戈尔曼在他的书中明确指出，情商不同于智商，情商不是天生注定的，而是由下列5种可以学习的能力组成的：

（1）自我认知的能力——能立刻察觉自己的情绪，了解情绪产生的原因。

（2）控制自己情绪的能力——能够安抚自己的情绪，摆脱强烈的焦虑、忧郁，以及控制负面情绪的产生。

（3）自我激励的能力——能够调整自己的情绪，让自己朝着一定的目标努力，增强注意力与创造力。

（4）识别他人情绪的能力——理解他人的感受，察觉他人的真正需求，对他人具有同情心。

（5）人际交往的能力——能够理解并适应他人的情绪。

心理学家认为，这些对情绪的把握能力是生活的动力，可以让我们的智商发挥更大的作用。所以，情商是影响个人健康、情感及人际关系的重要因素。

情商的培养有利于我们做出正确的选择，主导生活的各个领域。简单地说，情商就是与自己、与他人和谐相处的能力。它更需要我们学会如何处理情绪：

（1）辨认情绪：情绪携带着数据信息，向我们暗示了身边正在发生的重要事件。我们需要准确地辨认自己和他人的情绪，以使更好地表达自我的情绪，从而有效地与他人交流。

（2）运用情绪：人们感受情绪的方式影响着思考的方式和内容。遇到重要的事情时，情商确保我们在必要的时候及时采取行动，合理地运用思维来解决问题。

（3）理解情绪：情绪不是随意性的，它们有潜在的诱发因素。我们一旦理解了这些情绪，就能更好地了解周围正在发生和即将发生的事情。

（4）管理情绪：情绪传达着信息，影响着思维。我们只有巧妙地把理智与情感相结合，才能更好地解决问题。不管它们受不受欢迎，我们都要张开双臂去接受正面情绪所促成的策略。

下面就用一个案例来说明，人们应该如何对情绪进行处理。

超市里等着结账的队伍排得越来越长。玛格丽特排在队伍的第十位，因此她看不太清楚前面发生了什么事。只听到有人叫来主管，打开收款机进行检查。看来还得等很长时间。

玛格丽特等得有些不耐烦了，但是理智告诉她不能发火，因为她认为出现事故也不是收银员的错。时间过去了10分钟，收款机还没有修好。这时队伍前面传来喊叫声,有一个男子在骂收银员和主管:"你们怎么这么不专业呢?大的超市怎么会犯这种低级的错误呢?你们能不能修好收款机啊?没看见队伍有多长吗?我还有事,太可恶了。"

收银员和主管只好道歉,说他们已经在尽力维修了,建议男子换个收银台。"为什么我要换啊?这是你们的错,又不是我的错。你们浪费我的时间,我要给你们领导写信反映这个问题。"男子丢下满是物品的购物车,愤愤地离开了超市。

男子离开一两分钟后,发生了三件事。为了不耽误这支队伍的顾客结账,超市在旁边又专门开了一个收银台;刚才坏了的收款机修好了;为了表达歉意,主管给玛格丽特及这支队伍中的其他顾客每人5英镑的优惠券。

玛格丽特挺高兴的,既买了东西又得了优惠券。而那个愤怒的男子不但没购成物,没得到优惠券,还生了一肚子的气。

在这个故事中,谁处理好了情绪?显然是玛格丽特。虽然她也生气了,但她没有发火,只是耐心地等待,站在别人的角度分析了情况。而她前面那个愤怒的男子完全没有控制住自己的情绪,也没有良好的社交技能。

情绪是心灵、感觉、情感的激动或骚动,泛指任何激动或兴奋的心理状态。简单来说,情绪是一个人对所接触到的世界和人的态度,以及相应的行为反应,也就是快乐、生气或悲伤等心情。它不只会影响我们的想法和决定,更会激起一连串的生理反应。

情商是一种准确觉察、评价和表达情绪的能力；是一种接近并产生感情，以促进思维的能力；是一种调节情绪，以帮助情绪和智力发展的能力。这种能力的运用其实是一门艺术。

人的情绪体验是无时无处不在进行的，相信我们每个人都有过莫名其妙被某种情绪侵袭的经历。这些情绪体验既包括积极的情绪体验，也包括消极的情绪体验。并不是所有的情绪都是对人的行为有利的。所以，认识情绪，进而管理情绪，是我们必须正视的课题，也是人生重要的一课。

## 情商教育决定孩子的未来 •

前些年人们对许多"少年天才"的故事津津乐道。然而，某些"少年班"的学生后来的成就竟然不及普通的大学毕业生。

这不禁引起人们的思考。究竟是什么原因让这些智商极高的孩子，最后取得了与之不相符的成绩呢？

1. 软糖试验与控制力

曾有这样一个实验：

让一群孩子依次走进一个空荡荡的大厅，在大厅显著的位置为每个孩子准备了一块软糖。测试老师对每一个将要走进去的孩子说："如果你能坚持到老师回来时还没把那块软糖吃掉的话，将会得到一个奖励——再给你一块软糖，也就是说，你将得到两块软糖。但是，如果你没等到老师回来就把软糖吃掉的话，那么你只能得到一块软糖。"

实验结果发现，有些孩子缺乏控制能力，又受不了软糖的诱惑，就把软糖吃掉了。另外一些孩子则牢牢记住了老师所讲的话，认为只要自己能够再坚持一会儿，就可以得到两块软糖，于是尽量控制住自己。他们并非不受软糖的诱惑，而是努力地转移自己的注意力。他们有的唱歌，有的蹦蹦跳跳，有的干脆趴在桌子上睡觉，坚持不看那块软糖，一直等到老师回来。这样，他们就得到了奖励——第二块软糖。

专家们把孩子分成两组——能够抵御诱惑、坚持下来得到两块软糖的孩子和不能够坚持下来只得到一块软糖的孩子，并对他们进行了长期的跟踪调查。研究结果发现，在他们长大以后，那些只得到一块软糖的孩子普遍没有得到两块软糖的孩子获得的成就大。

可见，控制力对于一个孩子成长的重要性。人们在探寻杰出人物成才的道路上，也逐渐认识到情商教育对于他们成长的影响。

2. 父母是孩子情商教育的关键

一个孩子在成长之初，如同一张白纸，父母给了什么样的教育，他就将成为什么样的人。高情商的孩子多是优质的家庭教育的结果。父母是孩子培养情商的榜样。对待孩子的教育，父母一定要以身作则，切不可要求孩子做到品格高尚，自己却完全做不到。这样的情商教育会让孩子产生怀疑，孩子要么有可能学会了不好的品质，要么有可能对父母不尊重。

从前，有一个忠厚的小伙子叫汉斯。他一个人住在一间小屋子里。他非常勤劳，拥有一座在村庄里最美丽的花园。汉斯有很多的朋友。其中一个跟他最要好的朋友叫大休。大休是个磨坊主，十分富有。他总自称是汉斯最好的朋友。因此，他每次来到汉斯的花园时，都以最好的朋友的身份拎走一大篮子美丽的鲜花，在水果成熟的季节还拿走许多水果。大休经常说："真正的朋友就该分享一切。"但他从来没有给过汉斯什么回赠。

　　冬天的时候，汉斯花园里的花枯萎了。大休却从来没去看望过孤独、寒冷、饥饿的汉斯。大休天真无邪的儿子问他："爸爸，为什么不让汉斯到咱们家来呢？我会把我的好吃的、好玩的都分给他一半。"没想到大休却被儿子的话气坏了。他怒斥这个上了学却仍然什么都不懂的孩子："如果汉斯来到我们家，看到我们烧得暖烘烘的火炉，丰盛的晚饭，以及甜美的红葡萄酒，他就会心生妒意。而嫉妒是友谊的大敌。"

　　多么虚伪的人啊！在他这种"教育"下，本来心灵美好的孩子会产生多大的变化啊！因此，我们在教育孩子的同时，更应注意自己的言行。让孩子拥有健康的人格是每个家长的义务。如同一位家长所言："关于孩子的培养，我并不看重他会弹什么琴，画什么画，我更在意培养他面对困难时的性格以及健全的人格。"这就是情商教育。

　　3. 培养情商有助于孩子发挥潜能

　　人在陷入绝境或遇险的时候，往往会发挥出不寻常的潜能。

人一旦没有退路，就会产生一种"爆发力"。这种爆发力就是潜能。人的潜能是多方面的，包括体能、智能、情绪反应等。然而，由于情境的限制，人只发挥了十分之一的潜能。

人的潜能是非常宝贵的资源。

20 世纪初，美国著名心理学家詹姆斯指出：一个普通的人只用了其能力的 10%，还有 90% 的潜能尚未被开发利用。后来，美国人类学家玛格丽特·米德研究发现：每个人只用了他的能力的 6%，还有 94% 的潜能未被开发利用。

1980 年，美国著名心理学家奥托认为："据我发现，一个人所发挥出来的能力，只占他全部能力的 4%。"也就是说，人类潜能的 96% 还未被开发利用。

20 世纪 30 年代，在英国一个不出名的小镇里，有一个叫玛格丽特的小姑娘。她自小就受到严格的家庭教育。父亲经常向她灌输这样的观点：无论做什么事情都要力争一流，永远做在别人前面，而不能落后于人。"即使是坐公共汽车，你也要永远坐在前排"。父亲从来不允许她说"我不能"或者"太难了"之类的话。

对年幼的孩子来说，父亲的要求可能太高了。然而父亲的教育在以后的年代里被证明是非常宝贵的。正是因为从小就受到父亲的"残酷"教育，玛格丽特才培养出了积极向上的决心和信心。她总是抱着一往无前的精神和必胜的信念，尽自己最大努力克服一切困难，做好每一件事情，事事必争一流，以自己的行动实践着"永远坐在前排"。

玛格丽特上大学时，学校要求学 5 年的拉丁文课程。她凭着自己顽强的毅力和拼搏的精神，硬是在 1 年内全部学完了。令人难以置信的是，她的考试成绩竟然还名列前茅。

　　其实，玛格丽特不光在学习上极为努力上进，她在体育、音乐、演讲及学校的其他活动方面也都一直积极参加，是学生中的佼佼者。当年她所在学校的校长评价她说："她无疑是我们建校以来最优秀的学生，她总是雄心勃勃，每件事情都做得很出色。"

　　正因为如此，40 多年以后，英国乃至整个欧洲政坛上才出现了一颗耀眼的明星。她就是连续多年当选保守党领袖，并于 1979 年成为英国第一位女首相，雄踞英国政坛长达 11 年之久，被世界政坛誉为"铁娘子"的玛格丽特·撒切尔夫人。

　　其实玛格丽特·撒切尔夫人年幼时和大多数孩子一样，都有同样的智力。为什么她能获得如此高的成就呢？这和她父亲的教育是分不开的。那种一往无前的精神正是父亲给她灌输的情商教育。正是如此才能够激发她的潜能，使她成为一代传奇。

　　一位哲人说过："无论做什么事情，你的态度都决定你的高度。"玛格丽特·撒切尔夫人的父亲对孩子的教育给了我们深刻的启示。

　　每个人身上都有巨大的宝藏有待发掘。潜能帮助我们把工作、学习做得更出色。只要你相信，一切皆有可能。

　　因此，如果人们的潜能与才能不被激发、不能保持、不能得以发扬光大，那么，其固有的才能就变得迟钝并失去它的力量。

处在绝境而毅然奋起，可以激发我们的潜力，引爆我们的潜能。没有这种奋斗，也许我们将永远不能发现真正的自我。

任何成功的人都不是天生的。成功的原因之一在于开发了无穷无尽的潜能。只要你抱着积极的心态去开发孩子的潜能，他就会有用不完的能量，他的能力就会越来越强。相反，如果你抱着消极的心态不去开发孩子的潜能，那么你只有叹息孩子不争气了。

## 情商是"成功的使者"

情商是人在进化中发展出来的技能。正是因为有了情商，人才能够在进化中逐步胜出，最终成为地球上的统治者。无数事例证实：情商就是一种情绪管理的能力。情商高的人，他的情绪管理的能力就强，人际关系和社会适应力也比较好。反过来说，情商低的人，他的人际关系就容易紧张，社会适应力也比较差。

美国一位来自伊利诺伊州的议员康农在初上任时就受到了另一位议员的嘲笑："这位从伊利诺伊州来的先生的口袋里恐怕还装着燕麦呢！"

这句话的意思是讽刺他身上还有着农夫的气息。虽然这种嘲笑使他非常难堪，但他自己确实如此。这时，康农并没有让自己的情绪失控，而是从容不迫地答道："我不仅在口袋里装有燕麦，而且在头发里还藏着草籽。我是西部人，难免有些乡土气。不过，我们的燕麦和草籽能长出最好的苗。"

康农没有恼羞成怒，而是很好地控制了自己的情绪，并且就对方的话"顺水推舟"，做了绝妙的回答。他不仅自身没有受到损失，反而闻名于美国。他被人们恭敬地称为"伊利诺伊州最好的草籽议员"。

康农无疑是一个高情商的人：对于讽刺和攻击他的语言，他没有愤怒，而是及时控制住自己的情绪，用高情商化解了矛盾，避免了尴尬。

情商是一种管理情绪的艺术。如果你想要快乐幸福地生活，你就要学会了解和管理自己的情绪。这也是提高情商的方法。掌握并认真利用好这门艺术，你会受益一生。

海斯是一位学问高深的学者，曾获得美国斯坦福大学的博士学位。他有过这样一段难忘的经历：

"我从前在部队服役的时候，做过一个智商测试。测试的结果是我获得了160分，是基地里得分最高的。按照测试标准，我的智商已经到了天才的水平。

"我认识一位汽车修理工。我估计他如果参加智商测试，分数仅仅是人类智力的平均分——90分而已。因此，我理所当然地认为我远比他聪明。然而，每当我的汽车出毛病，我又不得不去找这个智商比我低的人来解决问题时，都对他的结论洗耳恭听。而他每次都能让我的汽车变得完好如初。

"有一次，他从引擎上抬起头来，笑嘻嘻地对我说：'博士，有一个聋哑人到五金店买钉子。他把左手食指和拇指并拢放在柜台上，右手做了几次敲打的动作。店员拿了一把锤子给他。他摇摇头。店员注意到了他左手并拢的拇指和食指，于是给他拿来了钉子。这回，聋哑人满意了。那么，博士，我来考考你。接着又来了一个盲人。他想买剪刀。你说他该怎么表示呢？'我伸出食指和中指，做了几次剪的动作。修理工哈哈大笑：'你这个笨蛋！他当然是用嘴说啦！'接着，他得意地说：'今天我用这个问题考了很多人。'我问他：'上当的人多吗？''不少。我知道你肯定会上当的。''为什么？'我大吃一惊。'因为你受的教育太多了。我知道你有学问，却不太聪明。'"

海斯无疑是一个高智商的人。然而这样一个简单的问题，他却没有回答上来。这是为什么呢？这就是情商在作怪。最起码，他的情商不像他的智商那么出色。

丹尼尔·戈尔曼宣称："婚姻、家庭关系，乃至职业生涯，凡此种种人生各个阶段的成功与否，均取决于情商的高低。"一份有关调查报告披露，在美国贝尔实验室，顶尖人物并非全都是那些智商超群的名牌大学毕业生。相反，一些智商平平但情商甚高的研究员往往凭借其丰硕的科研业绩成为顶尖人物。其中的奥妙在于，情商高的人更能适应激烈的社会竞争。

与那些社交能力差、性格孤僻的高智商的人相比，那些能够敏锐了解他人情绪、善于控制自己情绪的高情商的人，更容易找到自己想要的工作，也更容易取得成功。情商为人们开拓了一条使事业成功的新思路。它使人们改变了过去只讲智商所造成的无可奈何的宿命论论调。

美国前总统威廉·杰斐逊·克林顿智商很高，但是他并没有注意从小培养自己的情商。有一次，学校把成绩单发了下来。克林顿很多科目成绩都是 A，也就是优秀。可是有一科成绩不是 A，而是 D，也就是不及格。哪一科呢？行为。为什么行为是 D？老师是这样解释的："每次老师提问，克林顿都会抢着回答。但是这样抢着回答，没给其他同学回答问题机会。给他打 D 这个成绩，就是要提醒他一下，今后要注意改进。"而"给别人机会"，这已经超出了智商的范畴，只有情商高的人才懂得。

克林顿吸取了教训。当总统后，他提出，给一个人最高的奖赏是给"一把钥匙"——一把开启未来成功大门的钥匙。这把钥匙是什么呢？它不是奖学金，而是懂得给别人一次机会。

多年以来，人们一直以为高智商就意味着高成就。其实，人一生的成就至多只有 20% 归功于智商，另外 80% 则是受情商等其他因素的影响。所谓 20% 与 80% 并不是一个绝对的比例。它只是表明情商在人一生的成就中起着决定性的作用。虽然智商的作用不可或缺，但过去我们把它的作用估量得太高了。

为此，心理学家霍华德·加德纳说："一个人在社会上取得什么成就，绝大部分取决于非智力因素。"许多资料显示，情商较高的人在人生各个领域中都占尽优势。无论是在谈恋爱、人际关系，还是在主宰个人命运等方面，其成功的概率都比较大。

成功的人都深知一个道理。那就是情商在引领他们超越平庸，走向卓越。大多数人的智商都是差不多的。而后天的情商教育与情商培养则可以改变我们的人生轨迹。当你相信情商的力量时，情商就会带给你意想不到的奇迹。

## 情商是一种"综合软技能"

我们把情商理解为一种软技能。与软技能相对应的硬技能通常是可以衡量的，如学习能力。在任何一个领域，衡量专业技能的标准就是学位和证书。这些往往都具有很大的商业价值。大多数工作都是靠这些硬技能来评判能力。不论是在学术研究还是实践操作中，这些都表示我们达到了某个行业［如银行业、烹饪业、IT（信息技术）业、图书馆业等］所需的专业要求。学习这些技能大多数都需要付出很大的努力，目标也都很直接。你有固定的模式去选择学习这些技能。从初学者到专家，都有相应的测试能力的等级考试。拿到学位和证书就表示你已经达到目标，具有竞争力了。

21世纪的竞争压力越来越大，硬技能已经开始不够用了。很多企业要求员工有高等级的软技能，如：

——与他人融洽相处的能力；

——有效地领导团队（靠软硬兼施管理的日子已经过去）；

——促进他人的进步和管理他人的能力；

——自我成长；

——较强的人际交往能力；

——尽可能有效地运用认知（思考）能力；

——面对困难时，依然保持活力；

——积极处理批评和危机的能力；

——在危机中保持冷静的能力；

——做决定时，有理解和接受他人有效观点的能力。

这些软技能统统可以归于情商。这些企业之所以对员工的情商感兴趣，原因很简单——员工的高情商对企业的发展有好处。

我们知道情商包括 5 种能力，均属于软技能。下面来详细分析一下这 5 种能力。

1. 自我认知的能力

一座古希腊神庙里镌刻着苏格拉底的一句名言：认识你自己。然而，认识自己并非易事。所谓"不识庐山真面目，只缘身在此山中"，讲的就是这个道理。

我是谁？我从哪里来？我又要到哪里去？我为什么要这么做？我为什么不高兴……从古希腊开始，人们就不断地问自己这些问题，然而至今都没有得出令人满意的答案。即便如此，人们也从来没有停止过对自我的追寻。

正因为如此，人常常迷失自我，很容易受到周围信息的暗示，并把他人的言行作为自己行动的参照。认识自己，心理学上叫自我知觉，是一个人了解自己的过程。在这个过程中，人更容易受到来自外界信息的暗示，从而出现自我知觉的偏差。

认识自我包括的内容如下：我的身体外形——有什么优势，有哪些缺陷；我的情绪个性——是易冲动还是沉着；我的气质类型——是胆汁质、多血质、黏液质，还是抑郁质；我有什么长处，有什么短处……一些人会因为自己的高矮胖瘦而不能坦然面对自己，那么他们的自我认知就出现了障碍。也有一些人对自己所扮演的角色、所处的位置认识不清，导致悲剧的发生。

2. 控制自己情绪的能力

情商的一个重要内容是控制自己。没有自制力的人将一事无成。因为哪怕是一点小刺激或小诱惑他都会抵制不了，进而深陷其中。控制自己的情绪是一种重要的能力，是人区别于动物的重要标志。人是有理性的，而非依赖感情行事。托马斯·曼告诫人们："只有抵制感情的冲动，而不是屈从于它，人才有可能得到心灵上的安宁。"

自制，顾名思义就是克制自己。看似不自由，殊不知，为了获得真正的自由，必须有意识地克制自己。没有自制力的人是可怕的。不但他的思想会肆意泛滥，行为更会如此。有人喝酒成瘾，有人上网成瘾，这些无一不是缺乏自制力的表现。

3. 自我激励的能力

自我激励就是给自己打气，鼓励自己要争气，在逆境中要奋起。许多不成功的人不是没有成功的能力与潜质，而是他们从思想上就不想成功。他们在受到羞辱时除了暗自神伤，嗟叹命运不济，从不给自己打气。他们会逐渐习惯于"劣势"，久而久之就真的只能与失败为伍。

也有一些人并不是不给自己激励，而是很快就把对自己的要求抛在脑后，没有认真地履行过当时的承诺。每一个有成功意识的人，都是允许自己失败，却不会允许自己倒下的人。因为失败是一时的，可以激励自己往前走，但倒下就是永久的失败。

4.识别他人情绪的能力

日常生活中时常有人抱怨某人"不会察言观色"，或者是"没有眼力见儿"。这些都是不具备识别他人情绪能力的表现。一个不懂得识别他人情绪的人，是很难取得想要的成就的。

心理学专家认为，识别他人的情绪是与人沟通方面必不可少的能力。这种能力不仅能影响他人，更能影响自己。

5.人际交往的能力

美国有一个叫特德·卡钦斯基的人。他16岁考入哈佛大学，20岁毕业，而后在密歇根大学获得数学硕士、博士学位。接着，他来到加州大学伯克利分校数学系任教。然而，卡因斯基虽然智力超群，却从未培养过自己的社交技能。在整个中学时期，同学几乎见不到他的身影。他从不与其他人交往。在大学里，他也是如此。人们送他一个"哈佛隐士"的绰号。

卡因斯基虽然在制造炸弹方面有特殊才能，但在社交方面却是低能儿，最终因长期压抑而导致心理异常。他不但没有对社会做出贡献，最后还用自己研制的炸弹杀死了3人，伤了23人。

这就是缺乏人际交往能力的后果。著名成功学家卡耐基先生说："一个人的成功取决于20%的专业能力和80%的人际关系。"足可见人际交往能力的重要性。卡耐基先生所说的"20%的专业能力"主要靠智商获得，"80%的人际关系"主要靠情商获得。

## 智商诚可贵，情商"价"更高

成功不仅取决于个人的谋略才智，在很大程度上还取决于正确处理个人情绪与别人情绪之间关系的能力，也就是自我管理和调节人际关系的能力。

人类在关于怎样才能成功的问题上从来不曾停止过探索的脚步。爱看电影的人们一定都会记得《阿甘正传》。这是一部好莱坞影片。汤姆·汉克斯更是凭借它而一举夺得奥斯卡影帝。

影片中的男主角名叫阿甘。他小时候是一个行动有点不便的男孩，准确地说是有点残疾。然而不幸的事情不只这样。他的母亲为他到处找学校，却没有一所学校愿意接收他，原因在于他的智商只有75。但是后来阿甘的表现让每位观众都为之感动。他凭借执着、善良、守诺、勇敢的个性，一度成为美国人民心中的英雄。

阿甘的故事也许是虚构的，而它却向我们揭示了这样一个道理：智商的高低与人生的成败不能直接画等号！阿甘的重情重义、执着乐观的个性，是他获得成功的重要因素。这便是来自情商的魅力。

一个人的成功往往不是因为知识多么的丰富，而是因为他的心智非常的成熟。

事实上，高智商的人不一定能取得成功。情商在人生成就中起着不可忽视的作用。情商的高低，可以决定一个人的其他能力，包括智商能否发挥到极致。情商比智商更重要。如果说智商更多地被用来预测一个人学业上的成绩，那么，情商则被用于预测一个人事业上的成绩。优异的学业成绩，并不意味着一个人在生活和事业中能获得成功。而且从我们的个人体验来说，我们更喜欢那些乐于帮助别人并且平易近人的人，而不是古怪的科学家。

1865年9月7日，台球世界冠军争夺赛在美国纽约举行。路易斯·福克斯的得分一路遥遥领先。只要他再得几分便可稳拿冠军了。就在这个时候，他发现一只苍蝇落在了主球上。他挥手将苍蝇赶走了。可是，当他俯身准备击球的时候，那只苍蝇又飞回到主球上。他在观众的笑声中再一次起身驱赶苍蝇。

这只讨厌的苍蝇破坏了他的情绪。而且更为糟糕的是，苍蝇好像是有意跟他作对。他一回到球台，它就又飞回到主球上来。引得周围的观众哈哈大笑。路易斯·福克斯的情绪恶劣到了极点。他终于失去了理智，愤怒地用球杆去驱赶苍蝇。球杆碰到了主球，裁判判他击球，他因此失去了一轮机会。路易斯·福克斯顿时方寸大乱，连连失利。而他的对手约翰·迪瑞则愈战愈勇，终于赶上并超过了他，最后拿走了桂冠。

这个故事告诉我们，低情商的人往往会做出很多不理智的事情。处于情绪低潮当中的人们，容易迁怒周遭所有的人、事、物。情绪的控制，有待智慧的提升，而这种智慧的提升则是情商的提升。

有些人在潜力、学历、机会等方面都相当，后来的际遇却大相径庭。这很难用智商来解释。曾有人追踪 1940 年哈佛大学中95 位学生的成就，发现以薪水、社会地位来说，在校考试成绩最高的不见得成就最高，对生活、人际关系、家庭、爱情的满意程度也不是最高的。

美国波士顿学院教育系教授凯伦·阿诺德曾参与上述研究。她指出："我想这些学生可以被归类为尽职的一群人。他们知道如何在正规体制中有良好的表现，但也和其他人一样必须经历一番努力。所以当你碰到一个毕业致辞代表，你唯一能预测的是他的考试成绩很不错，但我们无从知道他适应生命顺逆的能力如何。"

另有人针对背景较差的 450 位男孩做同样的追踪。他们多数来自移民家庭。其中三分之二的人依赖社会救济，住在贫民窟里，有三分之一的人智商低于 90。研究同样发现，他们的智商与其成就不成比例。譬如说智商低于 80 的人里，有 7% 失业 10 年以上，智商超过 100 的人里同样有 7% 失业 10 年以上。就一个四十几岁的中年人来说，他取得的社会地位、经济地位与其智商有一定的关系，但受影响更大的是儿童时期所培养的处理挫折、控制情绪、与人相处的能力。

总之，虽然智商对于我们很重要，但是如果少了情商，我们将会失去人生中重要的部分。

## 影响情商高低的因素 ●

情商的高低很大程度上决定着一个人的成败。所以情商对于一个人来说很重要。如果想提高自己的情商，就需要找到影响情商高低的因素。

1. 先天因素

据英国某本书中关于智商的词条记载："根据调查结果显示，70%~80%的智力差异源于遗传基因，20%~30%的智力差异系受到不同的环境影响所致。"在情商的形成和发展的过程中，先天的因素也是存在的。例如，人类的基本表情通用于全人类，具有跨文化的一致性。

美国心理学家艾克曼的研究表明，从未与外界接触过的新几内亚人能够正确地判断其他民族照片上的基本表情。但是，情感的表达方式有很大的文化差异。民俗学研究表明，不同的民族的情感表达方式有显著差异。

有人说："智商是先天的，而情商是后天的。"这句话有一些以偏概全。虽说情商可以后天培养，但还是有一些先天因素起作用。

儿童心理学研究表明，先天盲童由于受到社会交流的障碍导致的社会化程度较弱的影响，其情感能力相对薄弱。人类学研究表明，原始人的情感与现代人的情感有极大差异。原始人易怒易喜，自控能力很差。美国有的人类学研究者认为，原始人的情感控制能力很弱，以今天的眼光看，很像是患有集体精神病。

### 2. 心胸

1860年11月，林肯当选总统引发了长期积累起来的政治危机。1861年4月，南北战争爆发了。

在这场战争中，林肯展示了他的用人艺术。战争初期，占有绝对优势的北方军却在战争中接连失利。林肯多次换将，就是不见成效。

一天，林肯听到有人谈论说："现在的局势是北方一群没有缺点的将军，被南方一群有缺点的将军打得一败涂地。"

尖锐的嘲讽令他很恼火。待冷静下来后，林肯承认，自己用人失策是导致北方军失败的原因之一。南方军用人只考虑这个人是否对作战取胜有利，林肯却更愿意选择那些"没有缺点"的将军。

于是，林肯果断任命"傲气十足""好酒贪杯"的格兰特为联邦军队总司令。任命刚一公布，就遭到了反对。格兰特早年因饮酒遭军队辞退的前科被翻了出来。许多人担心格兰特会因为嗜酒贻误军机，并指责他不爱惜士兵的生命，只会一味蛮干，是"屠夫格兰特"。

在格兰特上任1个月后，仍有人找到林肯，要求他将格兰特免职。但林肯顶住压力，力保格兰特。相比贪杯的缺点，他更看中格兰特的指挥才能。

格兰特没有辜负林肯的信任。仅用 1 年时间就打败了南方军，最终带领北方军获得南北战争的胜利。林肯曾深有感触地说："我的生活经验使我深信，不应该因为他人的缺点而放弃他的优点。毫无缺点的人，往往优点也很少。"

林肯的做法是可圈可点的，他有一句名言："我不关心个人荣辱，只在乎事态的发展。"那些动不动就说"我宁愿如何，也不如何""我愿意，你管不着""我不在乎老板要我做什么，我只是受不了他的态度"的人的情商首先值得怀疑，因为他们没有一个宽阔的心胸。其实一时的委屈很快就会烟消云散，而有些事情却会影响深远。高情商的人都有宽广的胸怀。

3. 思想

一个人追求的目标越高，就越不拘泥于生活上的细枝末节。一个人越成功，就越能忍受不公和不如意。他们志趣高远，牢记自己的目标，知道什么才是最重要的，什么只是暂时的、无所谓的，那么就不会对不愉快的情绪和不如意的事情耿耿于怀。那些献身伟大事业的人可以不计个人荣辱，而那些胸无大志的人常常连一句嘲讽都受不了。英国诗人威廉·布莱克说："辛勤的蜜蜂永远没有时间悲哀。"只有那些无所事事、浑浑噩噩的人才容易庸人自扰。

4. 自控

美国成功学大师拿破仑·希尔曾说："一个有自制力的人，

不会被人轻易打倒。一个能够控制自己的人，通常能够做好分内的工作，不管是多么大的困难皆能克服。"许多年轻人情绪易波动，自制力较差，往往从理智上也想自我锤炼，积极进取，但在感情和意志上控制不了自己。

专家们认为，要成为一个自制力强的人，需做到以下几点：

——自我分析，明确目标；

——提高动机水平；

——从日常生活小事做起；

——绝不让步迁就；

——进行自我暗示和激励；

——进行放松训练。

5. 心态

人生在世，谁都会遇到许多不尽如人意的事。关键是你要以一种平和的心态去面对这一切。平和就是对人对事看得开、想得开，不斤斤计较生活中的得失，能够超脱世俗困扰，视功名利禄为过眼烟云，有登高临风、宠辱不惊的胸怀。这样的心态，不是看破红尘、心灰意冷，也不是与世无争、冷眼旁观、随波逐流，而是一种修养、一种境界。

拜伦说："真正有血性的人，绝不曲意求得别人的重视，也不怕被人忽视。"爱因斯坦用支票当书签，居里夫人把诺贝尔奖章给女儿当玩具。莫笑他们的"荒唐"之举，这正是他们淡泊名利的平常心的表现，是他们崇高精神的折射。

一个人的思维方式或者心态直接影响到他对情绪的处理。凡事能够用发展的眼光去看待，用积极的心态去面对，即便是件不好的事情，我们也能从中受益。

# 情商是可以改变的 •

　　情商不是天生注定的，而是可以通过学习而后天培养的。如提高对自我的心理、感情成熟与否的认识能力；在日常生活中，用转移注意力等方式理性地控制自我情绪的能力；运用内在动力和外在压力激励自我发展的能力；通过拉近空间距离和增加交往频率等方式提升人际交往能力；常常换位思考地去认知他人的能力：这些能力都是可以在后天培养的。

　　1. 思想改变情商

　　既然想到和得到之间存在着一种天然的承接关系，那么是不是说我们想要一辆车，一辆车就会立刻出现在我们面前呢？我们想要一栋别墅，便会得到一栋漂亮别墅的钥匙呢？显然这些天方夜谭式的想法只存在于童话故事中。但事实上我们完全有能力把它们变为现实。

　　如果你能积极地面对生活，那么令人满意的生活就会降临到你的身上。反之，如果你认为自己注定一生倒霉，那么你便永远无法得到"幸运女神"的青睐。实际上，人类的生活正是其思想的体现。我们在人生之路上迈出的每一步，根源都在于我们头脑中瞬时形成的想法。想法会形成感受，从而产生行动，导致结果，并最终成为我们能够感受到、触摸到的现实生活。所以，我们的想法便能改变人生。

高情商的人往往都会随着时间、社会、环境的变化而改变想法。每当一个使你感到沮丧或者消极的念头潜入你的大脑时，你应该马上提醒自己将注意力转移到使你感觉良好或者充满正能量的事情上。唯有这样，你才能做出正确的选择，明确地知道自己想要的是什么，从而获得行动的动力。

2. 改变自己，提升情商

在亿万年前，恐龙曾经是地球上最强大、最活跃的物种之一。不知道什么原因，恐龙灭绝了。至今没有一个科学家能拿出确凿的证据来解释。有人曾提出一个观点，就是当环境发生剧烈变化的时候，长期安于现状的恐龙缺乏"应变"和"学习"的能力，无法改变自己以适应环境的变化，因而导致灭绝。

在现实生活中，存在很多恐龙式的人。我们姑且称之为"恐龙族"。"恐龙族"不喜欢改变。他们安于现状，没有野心，没有创新精神，没有对工作的热忱，不设法改进自己，不谋求更好的工作。"恐龙族"不肯承认改变的事实。他们不愿为自己制造机会，而情愿听从所谓运气的摆布。

在我们周围，你能发现许多类似的人：他们的生活状态不一定好，可也不算坏；他们的生活质量不一定很高，可也不算太低；他们的人生说不上成功，可也算不上失败。他们一生最大的愿望就是能将他们目前的生活状态保持下去。他们也曾想过冒险，从而使自己的人生更加丰富多彩。可是他们又担心万一失败了，会连自己现在所拥有的也失去了。也就是说，寻求一种生活的安全感成了他们所追求的最高的人生目标。

如果我们只是随遇而安，把所谓的安全感放在人生的第一位，久而久之，我们就会产生一种惰性，机会来到面前也把握不住。所以，一个高情商的人需要斗志，需要改变自己，这样才能更好地适应千变万化的世界。

3. 知识改变情商

我们说知识改变命运，主要有两方面的含义：一是指知识本身所具有的巨大力量；二是指知识能够改变人的心态，重塑人的性格，从而改变人的情商。

歌德说："人不只是靠他生来就拥有的一切，而是靠他从学习中所得到的一切来造就自己。"培根在《论读书》中写道："读史使人明智，读诗使人聪慧，演算使人精密，哲理使人深刻，伦理学使人有修养，逻辑修辞使人善辩。"显然，学习可以提升人的智商和情商。

有人则从另一个角度论述道："在竞争日益激烈的环境里，等到与对手碰面时，胜负其实就已定了。"因为竞争比的是"准备"和日积月累。

这种积累和准备，广泛一点说，是知识的积累和准备；具体一点说，是心态的准备、目标的准备和行动的准备（调整心态、明确目标、采取行动都是求知的一部分）。

英国一位学者说："知识仅次于美德，它可以使人真正地、实实在在地胜过他人。"知识的积累和准备，不仅限于书本知识，而应该是广义的知识，比如说兴趣、阅历等。这些不仅可以改变自己的内涵，而且还会提高自己的情商。

4.改变心态，提升情商

要想活得快乐，就必须改变自己的生活态度。世界呈现给我们的样貌是一样的，有差别的只是对事物的看法不同而已。要想活得快乐，就要试着改变自己的心态。这就是快乐的真谛。

有一次，爱特到美国观光。导游说西雅图有一个很特殊的鱼市场，在那里买鱼是一种享受。同行的朋友听了，都很好奇。

那天，天气不是很好。虽然市场里鱼腥味刺鼻，但是充满了鱼贩们欢快的笑声。爱特好奇地问当地的鱼贩："你们在这种环境下工作，为什么会保持愉快的心情呢？"鱼贩说，事实上，几年前的这个鱼市场是一个没有生气的地方。大家整天抱怨。后来，大家认为与其每天抱怨沉重的工作，不如改变工作时的心态。于是，他们不再抱怨工作，而是把卖鱼当成一种快乐。

爱特又问："为什么整天在这个充满鱼腥味的地方做苦工，你们竟然还这么快乐？"鱼贩回答说，除了卖鱼，他们已经习惯了给一些不顺心的人排忧解难。有时候，鱼贩们还会邀请顾客参加接鱼游戏。顾客即使怕鱼腥味，也很乐意在热情的掌声中一试再试，意犹未尽。每个愁眉不展的人进了这个鱼市场，都会笑逐颜开地离开，手中还会提满情不自禁买下的鱼，心里也会悟出一些道理来。

　　一个高情商的人会改变自己的心态来获取快乐的心情，而且这种好心情还会感染他身边的每一个人。抱怨于改善环境无益。与其整日抱怨，不如改变心态，使自己快乐起来。

# 第一章 我是独特的自己、

# 正确的自我认知，是高情商的起点

## 看清镜子里的你 •

在生活中，很多人习惯把别人当作认识自己的镜子，透过别人来看自己。事实上，那面最明亮的镜子应该是你自己。

自欺欺人改变不了人们眼中的事实。所以，每个人都需要以"己"为镜，看清自己，认识自己，随时正衣、去污，保持真实的自己，从而做一个高情商的人，使生活变得潇洒自如。

其实，谁也不能做你的镜子，只有自己才是自己的镜子。拿别人做镜子，白痴或许会把自己照成天才。

就像一幅漫画所描述的：一只猫站在镜子前得意地照着自己，结果镜子中映出来狮子的模样。它把狮子当作镜子，看到的自然是狮子的模样。

每个人来到这个世界上，都有自己的角色和任务。一个人要牢记自己的使命，不断进取，努力去做最好的自己。

一千个人有一千种生活方式，有一千个愿望。不同的生活方式和愿望，就会产生不同的生活态度。你可以参照别人的态度来确定自己的态度，也可以吸取借鉴别人成功的经验和失败的教训，但你不能教条地照着别人那样做。你必须看清自己，准确定位自己,明确自己的价值,弄清楚自己想追求什么,有哪些捷径可以走,可以采取哪些有效的方法。

现实中不乏这样的人,他们随大流,从大众,人云亦云。他们的眼睛一直追随着别人。他们仿效别人,把别人的追求当成了自己的追求,用别人的脚步来衡量自己的脚步。然而,每个人都是独立的个体,都有自己的节奏和规律。每个人的追求也都不同。这种盲从只能让你迷失了你自己。

有个人问同伴:"请问,你是否了解你自己呢?"

"是呀,我是否了解我自己呢?"同伴想,"嗯,我回去后一定要好好观察、思考、了解一下我自己的个性和心灵。"回到家里,同伴拿来一面镜子,仔细观察自己的容貌、表情,然后再分析自己的个性。

他看到自己的头发。"嗯,不错。"他看到自己的鹰钩鼻。"嗯,英国大侦探福尔摩斯——世界级的聪明大师就有一个漂亮的鹰钩鼻。"他想。

他看到自己的大长脸。"嗨!伟大的林肯总统就有一张大长脸。"他想。

他发现自己个子矮小。"哈哈!拿破仑个子矮小。我也同样矮小。"他想。

他发现自己有一双八字脚。"呀,卓别林就有一双八字脚!"他想。于是,他终于了解了自己。

在生活中,我们要学会反躬自问,要学会每过一段时间就用它来擦拭我们的心灵，摒弃不利的一面，留下有益的一面，并积极寻找有利于我们成长和进步的精华。这也是成功人生的必然要求。

以己为镜，就是用自己的目标检验自己的言行。这一辈子，你想做一个什么样的人？你想办成什么样的事？你想学到什么样的知识？你想达到什么样的高度？你想让自己的人生如何度过？如果你不想让生命虚度，你就应该每天用自己的理想和目标衡量一下自己的言行。看一看，脸是不是需要洗，手是不是需要动，脚是不是需要走，腰是不是需要挺。看一看，你是否真正地认清了你自己。

聪明的人知道最好的镜子就是自己。聪明的人更善于利用自己这面镜子，为成功做点滴的积累。聪明的你赶快擦亮自己这面镜子吧！

## 描绘自己的心灵地图 ●

无论是面对自我，还是面对世界，每个人都有一定的思维方式。在人类的思想行为中，有"五大基本问题"：

（1）我是谁？

（2）如何成为今天的我？

（3）为什么我会有这样的思考、感受和行动？

（4）我能改变吗？

（5）最重要的问题是——我怎么做?

通过这五大基本问题，我们的心灵告诉我们该怎么去认识世界、该怎么行动。思维对一个人的发展来说，是至关重要的。它决定了我们对待自我、对待世界的态度。思维可以说是对于我们所能感知的世界的一个认知缩写。无论这个认知正确与否。

我们可以把思维比作地图。这幅地图并不代表一个实际的地点，只是告诉我们有关地点的一些信息。思维也是这样，它不是实际的事物，而是对事物的诠释。

著名的英国作家王尔德曾经说过："那些自称了解自己的人，都是肤浅的人。"这种说法有一定的道理。因为对每个人来说，要想完全了解自己，并不是一件容易的事情。就像有些时候，我们面对镜子里的自己发出疑问：这是我吗?

所以，我们要用思维来为自己描绘一幅心灵的地图。这样，你才不会迷路，才会真正认识自己。

1967 年，帕瓦罗蒂被著名指挥大师卡拉扬挑选为威尔第《安魂曲》的男高音独唱者。从此，帕瓦罗蒂名声大振，成为活跃于国际歌剧舞台上的四大男高音之一。

当一位记者问帕瓦罗蒂成功的秘诀时，他说："我的成功在于我在不断的选择中选对了自己施展才华的方向。我觉得一个人如何去体现他的才华，就在于他要选对人生奋斗的方向。"

帕瓦罗蒂是一个有思想的人，他选择了适合自己的路。在人生的道路上，他没有迷失。他敢于为自己的心灵描绘地图，按照这幅地图走向了成功。

如果你到了一处陌生的地方，却发现带错了地图，结果一定是寸步难行，感觉非常忐忑无助。同样的，如果你想要改正缺点，但着力点不对，就会白费工夫，与初衷背道而驰。或许你并不在乎，因为你奉行"只问耕耘，不问收获"的人生哲学。但问题在于如果因为地图不对而导致方向错误，那么努力便等于浪费时间。唯有方向正确，努力才有意义。也只有在这种情况下，"只问耕耘，不问收获"才有可取之处。因此，关键仍在于手上的地图是否正确。

生活中，我们在选择专业方向、工作单位、生活伴侣等的时候，都会面对这样一个问题。什么是最好的？其实，这个世界根本就没有最好的标准。只要合适，你就找到了最好的。

道格拉斯·玛拉赫写过这样一首诗：

"如果你不能成为山顶上的高松，那就当山谷里的小树吧——但要当溪边最好的小树。

"如果你不能成为一棵大树，那就当一丛小灌木；如果你不能成为一丛小灌木，那就当一片小草地。

"如果你不能是一只香獐，那就当一尾小鲈鱼——但要当湖里最活跃的小鲈鱼。

"我们不能全是船长，所以必须有人来当水手。

"这里有许多事让我们去做。有大事，有小事，但最重要的是我们身边的事。

"如果你不能成为大道，那就当一条小路；如果你不能成为太阳，那就当一颗星星。

"决定成败的不是你尺寸的大小——而在于做一个最好的你！"

是的，如果我们不伟大，那就做一个平凡的人。但重要的是，我们要会给自己描绘适合自己的地图。

当然，我们不能一辈子就带着同一幅地图。我们应该不断地描绘它、修改它，力求准确地反映客观现实。这样，我们才不会在繁华的人世间迷路。

但是，有很多人过早地停止了描绘地图的工作。他们以为自己的心灵地图完美无缺，因此不再获取新的信息，让自己在原地踏步，不肯向前走。当发现别人的脚步追赶上自己的时候，他们又开始焦虑、迷茫。殊不知，他们已经错过了修改心灵地图的最佳机会。

而那些成功人士往往能自觉地探索现实，坚持扩展、筛选他们的心灵地图。他们的精神生活因此而丰富多彩。

所以，我们要有一幅属于自己的心灵地图，并不断地修改这幅反映现实世界的心灵地图，不断地获取世界的新信息。这样，你离成功的殿堂才会更近一步。

路是自己走的。那么从现在开始，让我们一起描绘属于自己的心灵地图吧！

## 自知之明让你的情商更高 ●

　　人贵自知。有自知之明的人，知道自己的优点和缺点，知道自己应该做什么，不应该做什么，同时也会得出自己能做什么的结论。知道自己想要追求什么，才会变得更强大；懂得避开自己的弱点去做事情，就会减少犯错的次数。自知的同时，还可以借鉴他人的经验教训，避免自己走弯路，使自己陷入不利的境地。

　　一个圆滚滚的鸟蛋忽然从鸟窝里骨碌碌地滚了出来，跌在灌木丛下厚厚的落叶上。奇怪的是，它居然没有跌破，一切完好如初。

　　鸟蛋得意了，对着鸟窝大声笑着说："哈哈，我是一个跌不破的鸟蛋！你们谁有我这样的本事，就跳下来比试比试！"窝里的鸟蛋们听了，一个个探出头来看了一眼，吓得忙缩进头说："我们害怕，不敢跳呀。""哼！我早就料到你们没有这个胆量！"地上的鸟蛋神气地向窝里的鸟蛋们大声嘲笑起来。

　　这个鸟蛋在地上滚来滚去。一会儿，鸟蛋滚到一棵小草边，碰了碰小草。小草连忙仰起身子往后让。一会儿，鸟蛋又滚到一株树苗边，撞了撞树苗。树苗也仰着身子，给它让路。

　　鸟蛋更得意了。它认为自己力大无比、天下无敌，更加勇气十足地在山坡上滚来滚去。就在鸟蛋得意之时，它被山坡上的一块小石头挡住了去路。鸟蛋气愤地说："你居然敢挡我的去路。"小石头昂着头说："一个鸟蛋也敢对我如此神气？"鸟蛋更加气愤地说："小草和树苗都已经领教过我的厉害。别人怕你，我可不怕。"

这时鸟蛋为了显示它的勇气，不听小石头的警告，鼓足力气猛地一滚，向小石头冲去。只听到"啪"的一声，鸟蛋被撞得粉碎，流出一摊蛋液。

鸟蛋在一次又一次"畅通无阻"之后，沉浸于自己取得的成就，沾沾自喜，于是变得盲目自大。它没有看清自己的实力和处境，以至于敢与比自己强大百倍的石头碰撞。所以它的结局就只能是自取灭亡。

能够客观评价自己的人通常都非常了解自己的优势和劣势。因为他们时时都在审视自己。能够时时审视自己的人，一般都很少犯错，因为他们会时时考虑：自己到底有多大力量？能干多少事？该干什么？缺点在哪里？为什么失败了或成功了？这样做就能很快地找出自己的优点和缺点，为以后的行动打下基础。这就是自知之明。

人需要有自知之明。特别是在身处困境的时候，一个人更应该反省自身，多思考一下自己的缺点和不足。只有这样才能找到差距，才能找到奋斗的方向，迎来成功的那一天。看清你自己是你成功的必然。你不能因为境况的不如意而浑浑噩噩。只有正确地认识自己，评价自己，找到不足和差距，你才能不断取得进步，走出困境，走向成功。

一位叫亨利的年轻人站在河边发呆。他不知道自己是否还有活下去的必要。亨利从小在福利院长大，身材矮小，不漂亮。所以他一直瞧不起自己，认为自己是一个既丑又笨的乡巴佬。他连最普通的工作都不敢去应聘。他没有工作，也没有家。

就在亨利在困境中徘徊的时候，与他一起在福利院长大的好朋友约翰兴冲冲地对他说："亨利，告诉你一个好消息！我刚刚从收音机里听到一则消息。拿破仑曾经丢失了一个孙子。播音员描述的相貌特征与你丝毫不差！"

"真的吗，我竟然是拿破仑的孙子？"亨利一下子精神大振。联想到拿破仑曾经以矮小的身材指挥着千军万马，用带着泥土芳香的法语发出威严的命令，他顿时感到自己矮小的身材同样充满力量，讲话时的法国口音也带着几分高贵和威严。

第二天一大早，亨利便满怀自信地来到一家大公司应聘。他竟然应聘成功了。20年后，已成为这家公司总裁的亨利，查证到自己并非拿破仑的孙子，但这早已不重要了。

人贵有自知之明，难的是真正了解自己，战胜自己，驾驭自己。自以为是的自知同真正的自知不同，自以为了解自己是大多数人容易犯的毛病，真正了解自己的只有少数人。

尼采说过："聪明的人只要能认识自己，便什么也不会失去。"可是认识自己并不简单。有些人要么认为自己一无是处而自卑，要么认为自己无所不能而自负。之所以出现这种自卑或自负的极端表现，是因为对自我的认识有了偏差。只有正确认识自己，才能使自己充满自信，才能使人生的航船不迷失方向。正确认识自己，才能确定人生的奋斗目标。只有有了正确的人生目标，并满怀自信，为之奋斗终生，才能此生无憾。即使不成功，自己也会无怨无悔。

客观地评价自己，给自己一个准确的定位，清醒地认识到自己还存在哪些不足，并且在此基础上找到需要改进的地方，加强学习的力度。这样才能够真正有效地提高自己。

自知之明与自知不明虽只有一字之差，但却是两种结果。自知不明的人往往昏昏然，飘飘然，忘乎所以，看不到问题，摆不正位置，找不准人生的支点，驾驭不好命运之舟。自知之明的关键在"明"字。对自己明察秋毫，了如指掌，因而遇事能审时度势，善于趋利避害。人们在遭遇挫折的时候，不要妄自菲薄，也不要自视过高，正确地衡量自己，读懂自己，发现不足，弥补缺陷，你就能改变现状，获得成功。

自知之明，不仅是一种高尚的品德，更是一种高深的智慧。高情商的人都有自知之明。一方面，他们能看到自己的缺点；另一方面，他们又会经营自己的优点。

## 出色源于本色 ●

出色源于本色，自信源于实力。如果想要变得出色，只要把自己的本色彰显出来，我们就是优秀的人。

索菲娅·罗兰是意大利著名影星。自 1950 年从影以来，她已拍过 60 多部影片。她的演技炉火纯青，曾获得 1962 年度奥斯卡最佳女演员奖。但是她在没出名之前却是一个极为普通的女孩，是什么力量让她发光发彩呢？那是因为她始终相信自己的本色是最出色的。

她十几岁时来到罗马圆她的演员梦。她从一开始就听到了许多不利的意见。她个子太高、臀部太宽、鼻子太长、嘴太大、下巴太小，根本不具备合格的电影演员容貌。

制片商卡洛看中了她，带她去试了许多次镜头。摄影师们都抱怨无法把她拍得美艳动人。因为她的鼻子太长、臀部太"发达"。于是，卡洛对索菲娅说，如果她真想干这一行，就得把鼻子和臀部"动一动"。她断然拒绝了卡洛的要求。她说："我为什么非要长得和别人一样呢？我知道，鼻子是脸庞的中心。它赋予脸庞以性格。我就喜欢我的鼻子保持它的原状。至于我的臀部，那是我的一部分。我只想保持我现在的样子。"

她决心不是靠外貌而是靠自己内在的气质和精湛的演技来取胜。她努力着，奋斗着，最终用演技征服了每一个观众。而她那些所谓的缺点反倒成了美女的标准。

索菲娅·罗兰在她的自传《索菲娅·罗兰自述：生活与爱情》中这样写道："自我从影起，我就出于本能，知道什么样的妆容、发型和衣服最适合我。我从不模仿谁。我从不像奴隶似的跟着时尚走。我只要求看上去就像我自己，非我莫属……衣服的原理亦然。我不认为你选这个式样，只是因为伊夫·圣·罗兰或迪奥告诉你该选这个式样。如果它合身，那很好。如果还有疑问，那还是尊重自己的鉴别力，拒绝它为好……衣服方面的品味反映了一个人的良好的自我洞察力，以及从新式样选出最符合个人特点的式样的能力……你唯一能依靠的真正实在的东西……就是你和你周围环境之间的关系，你对自己的估计，以及你愿意成为哪一类人。"

索菲娅·罗兰的出色源于她的本色。虽然她的本色在别人的眼里曾是缺点，但是她认为本色是最美的，无须更改。因为她相信终有一天别人会以她的缺点为荣。

出色源于本色，需要我们有足够的自信。自信是我们通往成功彼岸的一座桥梁。自信是一株可以结出硕果的植物。爱默生说："自信是成功的第一秘诀，是英雄主义的本质。"我们在努力培养自己自信心的同时也不要忘记，你的自信是建立在"出色源于本色"的基础上，不然盲目的自信就变成自负了。

有一位青年毕业于哈佛大学。他没有像他的大部分同学那样，去经商发财或走向政界，而是选择在宁静的瓦尔登湖畔隐居。他在那儿搭起小木屋，开荒种地，看书写作，过着原始而简朴的生活。他在世44年。没有女人爱他，没有出版商赏识他。他只是写作、静思，直到得肺病在康科德死去。

他就是著名的《瓦尔登湖》的作者梭罗。有一个博物馆在网上做了一份调查：你认为梭罗的一生很糟糕吗？共有467432人做了回答。其结果是：92.3%的人回答"不"；5.6%的人回答"是"；

2.1%的人回答"不清楚"。

博物馆采访了一位作家。作家说："我天生喜欢写作。现在我当了作家。我非常满意。梭罗也是这样。我想他的生活不会太糟糕。"

博物馆又采访了一位商人。商人说："我从小就想做画家。可是为了挣钱，我成了一位画商。现在我天天都有一种走错路的感觉。梭罗不一样。他喜爱大自然。他就义无反顾地走向了大自然。他应该是幸福的。因为他的出色就是源于本色。"

有些人有了一些成就，但他们并不快乐。因为那些成就不能给他们带来成就感。原因何在呢？是因为他们没有活出自己的本色。有些人一生看似平淡，却能够正确地认识自己。他们知道什么样的生活才是自己想要的。虽然过程艰苦，但那却是最真实的自己。

1888 年，法国巴黎科学院收到的征文中有一篇被学者们一致认为是科学价值最高的论文。这篇论文附有这样一句话："说自己知道的话，干自己应干的事，做自己想做的人！"这是在妇女备受歧视和奴役的 19 世纪，走入巴黎科学院大门的第一位女性，也是数学史上第一位女教授——俄国女数学家索菲娅·柯瓦列夫斯卡娅的杰作。

做本色的"我"，除了自我凝聚、甘于寂寞外，还需要勇气。出色源于本色。它是为智慧与才干开路的先导；是向高压与陈规挑战的利剑；是同权威和强手较量的能源。

## 认清自己的真面目 ●

"请尽快回答 10 次，我是谁？"一个看似简单的问题，让很多人陷入沉思："我是谁？我是一个什么样的人？我应该做一个怎样的人？""认识你自己"这句古希腊时就刻在神庙上的名言，至今仍有警示意义。

拿破仑·希尔认为：随着科学技术的日益发展，我们不断地了解着未知世界，可我们对自身的探索却始终滞足不前。只有正确地认识自己，才能认识整个世界，也才能接受世间的一切。我们经常想要通过别人的评价来认识自己。可是，无论别人的推心置腹显得多么明智、多么美好，我们自己才应当是自己最好的知己。

这个世界多姿多彩。每个人都有属于自己的位置，有自己的生活方式，有自己的幸福，何必去羡慕别人？只有安心享受自己的生活，享受自己的幸福，才是快乐之道。你不可能什么都得到，你也不可能什么都适合去做。所以，只有适合自己的才是最好的。怎么才能做到适合呢？那就需要我们认清自己的真面目。

认清自己的真面目，首先要了解自己的长处和短处，并根据自己的特长来进行自我规划，量力而行。其次要根据自己周围的环境、条件，以及自己本身的才能、素质、兴趣等确定前进方向。做到这些，你就会在某一方面有所成就。所以，每个人都应该正确认识自己的真面目，并坚信"天生我材必有用"。

一天早晨，一只山羊在栅栏外徘徊，它想吃栅栏内的白菜。但是，它进不去。早晨的太阳是斜照的，因此，山羊看到自己的影子很长很长。"我如此高大，一定能吃到树上的果子。不吃这白菜又有什么关系呢？"它对自己说。

于是，它奔向很远处的一片果园。还没到达果园就已是正午，太阳照在头顶。这时，山羊的影子变成了很小的一团。"唉，我这么矮小，是吃不到树上的果子的，还是回去吃白菜吧。"它沮丧地对自己说。片刻，它又十分自信地说，"凭我这身材，钻进栅栏是没有问题的。"

于是，它往回奔跑。跑到栅栏外时，太阳已经偏西。它的影子重新变得很长很长。

此时山羊很惊讶："我为什么要回来呢？凭我这么高大的个子，吃树上的果子简直是太容易了！"山羊又返了回去。就这样，直到黑夜来临，山羊仍旧饿着肚子。

这则寓言故事看似可笑，却为我们揭示了一个深刻的道理：不能正确认识自我是很多人失败和痛苦的原因。其实，正确认识自我最重要的一点，就是要清楚自己的能力，知道自己适合做什么、不适合做什么，长处是什么、短处是什么，从而做到有自知之明，最后在社会中找到适合自己的位置。

许多人谈论某位企业家、某位世界冠军、某位著名电影明星时，总是赞不绝口，可是一联系到自己，便一声长叹："我不是成才的料！"他们认为自己没有出息，不会有出人头地的机会。

理由是：生来比别人笨，没有高级文凭，没有好的运气，缺乏可依赖的社会关系，没有资金，等等。其实，相对而言，人生更重要的是：认识你自己！

那么，怎样才能真正地认识自己呢？

1. 在比较中认识自我

如果想要了解自己，那么与别人相比较，是一种简便、有效的途径。每当我们需要反躬自问"我在某方面的情况怎样"时，我们就很自然地使用这种方法，去判定自己的位置与形象。我们除了要不时地和周围的人相比较之外，还要经常与某些偶像相比较。把他们作为比较的对象，以自己能否达到跟他们同样的标准作为衡量成功或失败的尺度。

2. 从别人的态度中反馈自我

一个人总是需要跟别人交往、共处的。因而，别人对你的态度相当于一面镜子，使你可以观察到自身的一些情况。我们因为看不见自己的面貌，就得照镜子。同样，我们无法准确地衡量自己的人格品质和行为时，就得利用别人对我们的态度和反应，来进行自我判断。一般说来，当对方与自己的关系越密切时，他的态度也越具有参考价值。

3. 用实际成果检验自我

除了根据别人对自己的态度，以及与别人相比较得出的结果之外，我们还可以凭借本身实际工作的成果来评定自己。由于这种方法有比较客观的事实作为依据，所以通常因此而建立的自我印象也是比较正确的。这里所指的工作是广义的，并不仅限于课业或生产性的行为。因为每个人所具有的才能的性质各不相同，所以如果只是看他们在少数项目上的成就，往往不能全面地衡量他们的能力与作用。很多时候，有的人的才能因得不到施展的机会而被埋没。

## 最优秀的人其实就是你自己 •

自我肯定的行为可以增加一个人选择的自由度。我们要以真诚的方式表达自己。我们在得到自尊与自重的感受的同时也能尊重别人，这才是自我肯定的真谛。在生活中，我们要学习自我肯定的行为，以便有效地处理人际关系。

拳王阿里是美国著名的男子拳击运动员。他的拳法多变，步法灵活，出拳快速有力，体力充沛，动作协调。在阿里的职业拳击生涯中，共进行了60场比赛，胜56场。其中37场将对手击倒在地，输的4场中有3场是因为点数少而负于对方。阿里之所以能取得这么优秀的成绩，得益于他的取胜之道。

在阿里小时候，家人给他买了一辆自行车。他每天都骑车出游，乐此不疲。有一天，他的自行车被偷了。沮丧之余，有一位警察提出教他拳击，并告诉阿里，每遇到一个对手，你就把他想象成偷车贼。

刚开始的时候，阿里很怀疑自己的能力，感觉自己小小的年纪根本无法与对手相抗衡。但是那位警察说："千万不要怀疑自己的能力，你是最出色的。"

此后，阿里再也没有怀疑自己的能力，因为他相信自己是最优秀的。就是在这样的自我暗示中，他越战越勇，直至夺得美国乃至世界的拳击冠军。

阿里有一个习惯，就是在每次比赛前他都会对着镜头喊："不要怀疑自己的能力，我是最棒的，我是不可战胜的，我是冠军！"

结果，阿里获得了意想不到的效果，几乎打遍天下无敌手。

虽然阿里曾经怀疑自己的能力，但是他战胜了自己的自卑感，肯定了自己的能力，最终成为一代拳王。

所以，我们要对自己有信心，要学会自我肯定。如果你认为自己是最优秀的，那么你就是最优秀的那个人。怎样才能做到自我肯定呢？

当然，自我肯定也要把握一定的要领。你至少要做到如下几点：

（1）温和，但不羞怯。因为要想对自己有信心，就要重视自己的价值。

（2）坚持，但不顽固。坚持重要的原则，即使在家人或外人的压力之下也不退却。

（3）关怀、重视别人的权益。

（4）表达清楚。声调、姿势、态度都能配合语言，让别人或自己清楚感受到你所要表达的内容。

（5）勇敢，有自信，不会畏惧压力或嘲笑。

（6）有自我价值感。通过与人平等的交往，自己能从别人的尊重中了解自己为"人"的价值。

英国著名政治改革家和道德家塞缪尔·斯迈尔斯认为，一个人必须养成肯定事物的习惯。如果不能做到这点，即使潜在意识能产生更好的作用，也无法实现愿望。与肯定性的思考相对的，就是否定性的思考。凡事以积极的方式思考即是肯定，而以消极的方式思考则是否定。

人类的思考容易向否定的方向发展，因此肯定思考的价值愈发重要。如果经常抱着否定想法，那么必然无法期望理想人生的降临。有些嘴里硬说没有这种想法的人，事实上已经受到潜在意识的不良影响了。

有些人经常否定自己。"凡事我都做不好""人生毫无意义可言，整个世界只有黑暗""过去屡屡失败，这次也必然失败""没有人肯和我结婚""我是一个不善交际的人"……持这类想法的人往往不快乐。当我们问及这类想法因何产生时，得到的回答多半是："这是认清事实的结果。"尤其是抑郁的人，他们会灰心地说："我想那是出于不安与忧虑吧！我也拿自己没办法。"

然而，换一个角度去想，现实并不如你所想象的那么糟。例如有些人会想："我虽然一无是处，但也过得自得其乐，不是吗？"肯定自我。只有有了乐观而积极的想法，你才会找到新的人生方向和意义。

# 金无足赤，人无完人 ●

平凡的你我都有缺点，在茫茫的人生路上也都会遇到这样那样的波折。这其中的道理很简单，因为"金无足赤，人无完人"，所以就有了人生种种的遗憾。我们常常在报纸、电视上看到有人轻生做傻事的新闻。真是愚蠢啊！我们都应该好好地珍爱自己。

每个人都想拥有一个完美的人生。但这只是愿望和奢望。自古及今，往往是有遗憾才为人生。十全十美的人生是没有的。月有阴晴圆缺，天有风云雷电。花无百日红，人无一世平。况且，长青之树往往无花，艳丽之花往往无果。美人西施叹耳小，贵人昭君怨脚大。世上哪有圆月一般的美满人生！人生往往与苦难相伴，生活常常有烦恼相随。正因为这样，残缺之中才有大美，苦难之中才有甘甜。

能体味痛苦的真谛，是一种高远的境界。如生了病，能让人想开了许多，是一种收获；倒了霉，能让人交了"学费"换来明白，也是一种收获。有了这样的心态，对己对人都有好处。对己，可以不烦不躁；对人，可以互相谅解。这会大大有利于人与人之间交往的平和，促进家庭和社会的和睦和美。

当你遇到不如意时，不必怨天尤人，更不能自暴自弃。较好的做法就是自励自慰：金无足赤，人无完人。

一个商人运了一批丝绸。因为在轮船运输当中遭遇风暴，这些丝绸被染料浸染了。商人很郁闷，摆在他面前有两个状况，一是丝绸被浸染后无法按期交货，二是如何处理这些被浸染的丝绸，然而后者成了令商人非常头痛的事情。他想卖掉，却无人问津；想扔了，又觉得很可惜。正在商人发愁之际，他的助手提出了一个办法：可以把这些丝绸制成迷彩服、迷彩领带和迷彩帽子。

商人一听，立刻去做。几乎在一夜之间，他拥有了10万美元的财富。不但没有赔钱，还赚了一大笔钱。

维纳斯雕像因其断臂而平添了一种神秘的美；比萨斜塔由于地基有缺陷而倾斜，却因此闻名于世；邮票或钞票因其印错而成为收藏者的抢手货；铅、锡熔点低，不能做导线，但因此能做保险丝。缺陷是人的有机组成部分。人能否成功，要看我们是否有能力把劣势转化为优势。

一位名叫阿费烈德的外科医生在解剖尸体时发现，那些患病的器官在与疾病的抗争中，为了抵御病变，它们往往要比正常的器官机能更强。这就是"代偿功能"。比如说，视力不好的人，耳朵却特别灵敏。他在给美术学院的学生治病时发现，那些学生的视力都低于常人，有的甚至是色盲。他还通过调查发现，一些颇有成就的艺术院校教授之所以走上艺术道路，是因为生理缺陷的影响。

因此，他得出了这样的结论：一个人成就的大小，往往取决于他所遇到的困难的多少。

有些人认为自己有了缺陷，所以常常自暴自弃，最终一事无成。有些人却没有把自己的缺陷视为人生道路上的障碍，而是从缺陷中获得无可比拟的力量，充分发挥自己的优势，甚至巧妙利用其缺陷以获得成功。

世界上没有完美的事、完美的人。让我们在不完美中寻找完美，从而实现自己的价值吧！

## 优点是靠自己发现的

我们每个人都不会是一无是处的。人人都潜藏着独特的天赋，这种天赋就像金矿一样埋藏在看似平淡无奇的生命中。那些总是羡慕别人，认为自己一无是处的人，是挖掘不到自身的金矿的。

在人生的坐标系中，一个人如果站错了位置——用他自己的短处而不是长处来谋生的话，那将是非常可怕的。他可能会在自卑和失意中沉沦。人们只有紧紧抓住自己的优点，并且加以利用，才有可能成功。

每个人都有自己的特长和优势，要学会欣赏自己、珍爱自己，为自己骄傲。没有必要因别人的出色而看轻自己。也许，在你羡慕别人的同时，自己也正被他人羡慕着。

森林里有一群动物坐在草地上聊天。

狗熊挪了一下笨拙的身子，说："说实在的，我真羡慕小兔子，那么灵活，跑起来像一阵风！"

小兔子不好意思地说："我真羡慕小刺猬，长着一身刺，谁也不敢欺负它。"

小刺猬没想到小兔子会称赞它，高兴地说："我真羡慕长颈鹿。它能站得那么高，看得那么远。我可不行。"

长颈鹿说："我真羡慕小猴子。它既能爬得像我一样高，也能到地面上喝水、采草莓。我可办不到。"

小猴子抓抓后脑勺说："我真羡慕梅花鹿。它能在草地上跑得飞快。我不行。"

梅花鹿的胆子很小，听到这话脸都羞红了。它说："我真羡慕狗熊。它胆子大，力气也大。碰到小树、枯枝挡路，它一巴掌就能把它们劈倒。"

狗熊听了这话笑了，说："看来，生活不是十全十美的。我们都爱羡慕别人，同时我们也有被别人羡慕的地方。所以我们应该珍爱自己，为自己自豪……"

每个动物身上都有优点与缺点。在羡慕别人优点的同时，它们却忽略了自身的优点。其实人也一样。有些人对自己的缺点耿耿于怀，却看不到自己身上的优点。一片树叶总有一滴露水滋养，人人都会有完全属于自己的一片天地。我们在拥有自己长处的同时，总会在某些方面不如别人。一个人活在世上，受各种因素影响，往往会存在这样或那样的不足。如果一个人因此而失去自己的人生定位及目标，那么无疑是可悲的。

有一天，大仲马得知自己的儿子小仲马寄出的稿子总是碰壁，就告诉小仲马："如果你能在寄稿时，随稿给编辑先生附上一封短信，说'我是大仲马的儿子'，或许情况就会好多了。"小仲马断然拒绝了父亲的建议。

小仲马给自己取了十几个其他姓氏的笔名，以避免那些编辑先生们把他和大名鼎鼎的父亲联系起来。面对那些冷酷无情的退稿笺，小仲马没有沮丧，仍然坚持创作自己的作品。因为他相信自己是有这方面的专长的。他热爱写作，并坚信自己一定能成功。

他的长篇小说《茶花女》寄出后，终于震撼了一位资深编辑。这位知名编辑曾和大仲马有着多年的书信来往。他看到寄稿人的地址同大仲马的丝毫不差，便怀疑是大仲马的作品。他迫不及待地乘车造访大仲马家。令他大吃一惊的是，《茶花女》这部伟大作品的作者竟是大仲马那名不见经传的年轻儿子小仲马。

小仲马的成功是因为他知道自己的优点，并充分利用自己的写作优势不断奋斗，最终获得了肯定。所以，一定要记得我们不会"一无是处"。人人都有闪光点，千万不要一味地计较自己的缺点。

有一个叫爱丽莎的美丽女孩，总觉得自己没有人喜欢，总是担心自己嫁不出去。

一个周末的上午，这位姑娘去找一位有名的心理学家。心理学家请爱丽莎坐下，跟她谈话，最后他对爱丽莎说："爱丽莎，我有办法了，你得按我说的去做。"他让爱丽莎去买一套新衣服，再去修整一下自己的头发，打扮得漂漂亮亮的。他告诉她星期一他家有一个晚会，邀请她来参加。

星期一这天晚上，爱丽莎着装合体、发式得体地来到晚会上。她按照心理学家的吩咐，一会儿和客人打招呼，一会儿帮客人端饮料。她在客人间穿梭不停，来回奔走，始终在帮助别人，完全忘记了自己。她眼神活泼，笑容可掬，成了晚会上的一道风景线。晚会结束后，有3位男士自告奋勇要送她回家。

在随后的日子里，这3位男士热烈地追求着爱丽莎。她终于选中了其中的一位，让他给自己戴上了订婚戒指。不久，在婚礼上，有人对这位心理学家说："你创造了奇迹。""不，"心理学家说，"是她自己为自己创造了奇迹。人不能总想着自己，怜惜自己，而应该想着别人，体恤别人。爱丽莎懂得了这个道理，所以变了。所有的人都能拥有这个奇迹。只要你想，你就能让自己变得美丽。"

善于发现自己的优点，这是我们共同的义务。爱丽莎获得幸福是因为她发现自己原来也是一朵有魅力的玫瑰。每个人身上都有别人所没有的东西，都有比别人做得好的事情。这就是属于你自己的特长，是你身上值得肯定的地方。不要拿别人的长处来和自己的短处相比。否则会掩盖掉你身上闪光的亮点，压抑你向上发展的自信。要充分并不断地肯定自己的长处。

1972年，新加坡旅游局给时任总理李光耀提交了一份报告，大意是说："新加坡不像埃及有金字塔，不像中国有长城，不像日本有富士山。我们除了一年四季直射的阳光，什么名胜古迹都没有。要发展旅游业，实在是巧妇难为无米之炊。”

李光耀看了报告，非常气愤。他在报告上批了一行字："你还想要多少东西？有阳光就够了！"

后来，新加坡利用那一年四季直射的阳光种花植草，在很短的时间里发展成世界上著名的"花园城市"。连续多年，新加坡旅游收入位居亚洲前列。

爱迪生说过："使自己的强项得到巧妙发挥，因而终能克服障碍，达到所期望的目的。"一个人的性格天生内向，不善于表达，你却要他去学习演讲，这不仅是勉为其难，而且还浪费了他大量的时间和精力。一个人天生有心脏病，你却要他去练习长跑，这不是要他的命吗？

自然界有一种补偿原则，当你在某一个方面很有优势时，肯定在另一个方面有劣势。而当你在某一个方面有缺点时，可能又在另一个方面拥有优点。如果你想出类拔萃，就必须腾出时间和精力来把自己的强项磨砺得更加锋利。

高情商的人在漫漫的人生旅途中，能找到自己的强项与优势，他们因此也就找到了通往成功的大门。如果你是鱼，就游向大海，在茫茫的大海里尽情畅游；如果你是鹰，就飞向蓝天，在广阔的天空里自由翱翔。

# 你是独一无二的 ●

有的人总觉得自己不重要，少个我和多个我没什么区别。作为独一无二的我们真的不重要吗？对于你的父母来讲，你是他们爱情的结晶和今后的希望；对于你的妻子来讲，不论别人多么优秀，你依然是她每天心里挂念的人；对于你的儿女来讲，你就是他们可以仰仗的大树；对于你的好朋友来讲，你就是他们一生中不可缺少的知己……难道这样的"我"不重要吗？当然不是！"我"很重要，因为"我"就是独一无二的。

世界上没有两个完全相同的人，正如世界上没有两片完全相同的树叶。天生我材必有用。每个人都有自己的特点和长处，每个人都有尚未被发掘出来的潜力和特质。如果能用自信的态度努力发现和发挥这些潜能，每个人都可以取得成功。

你所能做的事，别人不一定做得来。而且，你之所以是你，必定是有一些相当特殊的地方。这些特质是别人无法模仿的。既然别人无法完全模仿你，就不一定做得了你能做的事。那么，他们怎么可能给你更好的意见呢？他们又怎能取代你的位置，替你做些什么呢？

所以，你要相信自己。每个人都有与众不同的特质。所以每个人都会以自己独特的方式与别人互动，进而感动别人。记住！你有义务相信自己很重要。

诺贝尔物理学奖获得者杰拉德特·霍夫特 8 岁时，一位老师问他："你长大之后想成为怎样的人？"霍夫特回答："我想成为一个无所不知的人，想探索自然界所有的奥秘。"霍夫特的父亲是一位工程师，因此想让霍夫特也成为一名工程师。但是他没有听从父亲的意见。"因为我的父亲关注的是别人已经发明的东西。而我很想有自己的发现，做出自己的发明。因为我相信自己是独一无二的，而且我会成功。"正是有着这样的渴求，当其他孩子正在玩耍或者在电视机前虚度时光的时候，小小的霍夫特就在刻苦读书了。"我对于一知半解从来不满足，我想知道事物的所有真相。"他很认真地说。

霍夫特告诫我们要保持自我，做独一无二的自我。只有这样，他才能知道要走什么样的道路。在现实生活中，我们可以成为科学家，可以去做医生，但是一定要做独一无二的人，要知道一味地模仿他人只会葬送自己。

世界上没有完全相同的两个人，这就是人类能够取得各种各样的成就的原因。所以没有必要强迫一个人去做他不感兴趣的工作。如果你对科学感兴趣，那么你要尽量找一些好的老师。这点非常重要。即使是这样，你也不一定就会获得诺贝尔奖。这些事情是可遇而不可求的。你不能过于注重结果，你不要期望一定能取得什么样的成就。让自己前行的道路能够顺应自己固有的特质延伸，对于一个人成长为成功人士，可谓是至关重要。

农夫家养了3只小白羊和1只小黑羊。3只小白羊因为有雪白的皮毛而骄傲，而对那只小黑羊不屑一顾。

不但小白羊瞧不起小黑羊，连农夫也是如此。他常常给它吃最差的草料，时不时还对它抽上几鞭。小黑羊也觉得自己比不上那3只小白羊，常常独自流泪。

初春的一天，小白羊和小黑羊一起外出吃草。不料寒流突然袭来，下起了鹅毛大雪。它们躲在灌木丛中相互依偎着……不一会儿，灌木丛和周围全铺满了雪。它们打算回家，然而雪太厚了，无法行走。它们只好挤做一团，等待农夫来救它们。

农夫发现4只羊羔不在羊圈里，便立刻上山去找。可是四处一片雪白，哪里有羊羔的影子啊。正在这时，农夫突然发现远处有一个小黑点，便快步跑过去。到那里一看，发现了他那濒临死亡的4只羊羔。

农夫抱起小黑羊，感慨地说："多亏小黑羊。不然，羊儿可能要冻死在雪地里了！"

由于小黑羊的黑色皮毛，农夫才在一片雪白中发现了它们。它们才不会被冻死在雪地里。其实人也一样，人们的不足与缺陷往往更能彰显出自己的独特。比如有些人，在智商方面可能并没有什么超常的地方，但总有某个特质是超出常人的。这种时候，只有使这些能让自己成就大事的特质得到充分的发挥，人才有可能成长并且走向成功的道路。

如果想要活得独一无二就要正确地认识自己。回答下面的测试题，看看你是否能够正确地认识自己吧！（每题都回答"是"或"否"。）

（1）做事不能坚持到底。

（2）经常心神不宁和焦躁不安。

（3）不爱脚踏实地地工作，成天无所事事，而且爱发脾气。

（4）经常头脑发热，有盲从心理，譬如对于炒股票、买期货等，不了解也会购买。

（5）好高骛远，不切实际，经常跳槽换工作。

（6）遇到事情爱急躁，不能控制感情。

（7）把恋爱当成好玩的游戏，寻找异样的刺激，打发自己的空虚和无聊。

（8）求职时往往想着大城市、大企业、大单位，向往高收入、高地位，不能正确评估自己的分量，结果处处碰壁。

（9）总是渴望和力求结识比自己优越的人，而对不如自己的人则爱答不理，希望从交往对象那里获得好处。

如果你对上述9个问题当中至少有6个问题回答"是"，那么毫无疑问，你是一个比较浮躁的人，总是认不清自己。而如果你的大部分答案是"否"，那么你不但沉稳，对自己的认识也是比较透彻的。

从现在开始，喜欢你自己，愉快地接纳你自己。要知道，我们每个人都是一个独特的个体，在这个世界上是独一无二的。每个人都有属于自己的位置。一个人只有全面地接受自己，才能走出自卑、自责的心灵沼泽，活出精彩的自己。

## 了解自己的不足 •

正视自己的缺点，才能真正地认识自己。哈佛大学教授斯蒂芬·杰·古尔德说："人不可能没有弱点。伟大的人善于放大优点，缩小缺点。失败的人往往因为放大自身的弱点而败了一生。"斯蒂文森说："我们什么时候能够看清自己不如人的地方，那就什么时候对生命真正有信心。"

有一位教授带着孩子去一个卖面的小摊吃面。这个小摊的生意非常好，原因是卖面的小贩有一手好功夫。只见卖面的小贩把面放进烫面用的竹捞子里，一把塞一个，很快就塞了十几把。然后他把叠成长串的竹捞子放进锅里烫。接着他又将十几个碗一字排开，放盐、味精等，随后捞面、加汤，做好十几碗面的过程竟不到 5 分钟，而且还边煮边与顾客聊着天。教授和孩子看呆了。

当他们从面摊离开的时候，孩子突然抬起头来说："爸爸，我猜如果你和卖面的小贩比赛卖面，你一定输！"对于孩子突如其来的话，教授莞尔一笑，立即坦然承认自己一定会输给卖面的人。教授说："不只会输，而且会输得很惨。我在这世界上是会输给很多人的。"

没有一个人是完美无瑕的，难道有缺点和不足就注定要悲哀，要默默无闻，无法成就大事吗？其实，只要你把"缺陷、不足"这块堵在心口上的石头放下来，别过分地去关注它，它也自然不会成为你的障碍。假如能善于利用你那已无法改变的缺陷、不足，那么，你仍然是一个有价值的人。

亨利3岁时被高压电流击伤，因双臂坏死而截肢。在这之后，父母将他送到附近的一座残疾人福利院。他在那里住了整整16年。亨利很爱学习，开始学着用嘴叼着笔写字。由于离纸太近眼睛疼痛，于是他改用脚写字。就这样，他在福利院上完了中学。

回到故乡后亨利开始边工作边学习。他在一个师范学院学习文学专业。他并不是想当老师，只是想完善自己。他和其他普通大学生们一样要做作业，通过各门测验和考试。亨利通过训练能够自己照顾自己的生活。他还能够处理一些简单的家务。

后来，亨利成了家。他的妻子琼斯说："亨利很聪明，要是有什么事情做不了，他就会琢磨该怎么办。他是一个优秀的绘图员。他会修各种电器，搞得懂所有的电路。他总是一刻不停地干这干那。他还改过裙子，又是量，又是画线，又是剪，最后用缝纫机做好。在家乡，他挺知名的。他一天到晚总是吹着口哨或哼着歌，是一个无忧无虑的快乐人。"

亨利喜欢唱歌，参加过巡回演出团。他常常到福利院去义演。他和他16岁的儿子一起录制磁带送给朋友们。他靠600美元的退休金和妻子微薄的工资度日，生活过得十分清苦。但是，对于他来说，他是幸福的。

亨利知道自己的缺陷，但他没有自卑，而是努力做了正常人都无法去做的事情。很多年轻人都喜欢追求完美，喜欢在一种完美的思绪里畅想自己的未来。然而在生活中，又有多少事物能像电视剧中那么完美呢？人没有完美的，总会有这样或那样的缺点。重要的是，我们如何把不足与缺陷化为动力，去完成自己的梦想。

我们每个人的先天条件都有优势和劣势两个方面，于是世界上出现了三种人：第一种人，看不到自己的优势，无法取得成功；第二种人，整天沉浸在优越感之中，不去积极行动；第三种人，从来不会只盯着自己的劣势抱怨，他们会用正面的、积极的眼光看世界，因为他们知道，当自己在抱怨鞋子不合脚的时候，很多人还光着脚呢。

我们每个人都应该知道一件事：这个世界上没有十全十美的人！我们自己和我们的同事、朋友，以及长辈、上司都只是普普通通的凡人，身上有缺点、会犯错误或是对问题束手无策，都是在所难免的。这一认识有助于指导我们正确地看待自己的缺点与劣势，并接纳不完美的自己。唯有真心诚意地接纳自己的人，才能正确对待自己的缺点，才能克服外界的阻力取得成功。

在离戴尔家不远的地方，是一片未被开发的原始森林。戴尔常带了小猎犬雷克斯到森林里散步。由于一向很少在森林公园内碰见其他的人，戴尔也就没有给小狗使用皮带或口罩，而是让小狗自由奔跑。

一天，戴尔和他的狗在公园内碰见一位骑警。那位骑警显然很想显示一下自己的权威。

"为什么让这只狗到处乱跑？为什么不用皮带或口罩？你知道这是犯法的吗？"他指责道。"是的，我知道。"戴尔温和地回答，"我以为在这种荒无人烟的地方，不会有什么危险。""法律可一点也不在意你怎么以为。这只狗很可能会咬伤小孩或松鼠，知道吗？我这次不处罚你，下次如果让我看到了，一定罚你。"

一天下午，戴尔又带了雷克斯到公园里去，还是没给狗戴上皮带或口罩。忽然，他又见到那位被法律赋予权力的骑警。戴尔被逮个正着。所以不等骑警开口，戴尔便真诚地说："警官先生，我是被你逮个正着，罪证俱在。我接受你的处罚。""是啊，我是这么讲过。"骑警的语气相当温和。戴尔说："我又违反了法律的规定。"骑警说："啊，一只这么小的狗，应该不会伤到什么人。""但它可能会咬伤小松鼠。"戴尔又说道。"啊，别把事情看得太严重了。"骑警告诉戴尔，"我告诉你怎么办。把这只小狗带到我看不见的地方去。"

本来应该被罚款的戴尔，由于主动说出自己的错误，反而得到了骑警的谅解。遇事即刻承认错误，毫不掩饰，也毫不退缩。很多事情就能在彼此立场对换的情况下，完满解决。

当一个人将自己的缺点或不足坦然地呈现在自己与他人面前时，其结果也许不会像他预先设想得那么糟。人们不但不会看不起他，反而会感受到他的真诚。如果逃避缺点，缺点就会不断变大，以至于使我们在人生的重大问题的抉择上犯下错误。

至此，我们可以发现这样一个哲理，"认识自己"是人们智慧的表现，"了解自己"是人生成功的敲门砖，"坦然面对自己的缺点，并接纳不完美的自己"则是我们走向成功的重要保障。

## 你的天性不可复制 •

天性不同于人格，但天性可以说是人格的一部分。有学者认为，人的天性是与生俱来的，不会轻易改变。而人格则包括了天性和经验两部分。所以，"天性"和"人格"在某种程度上是一致的。但随着人逐渐长大，与周围的环境和人物之间的互动渐渐多了，他的经验也就会随之改变、日渐成熟。但是，天生的天性是不会改变的，只是在某些社会期望下做了一些修饰。也就是说，天性是不可复制的，是独一无二的。

一只老鼠掉进了一只桶里，怎么也出不来。老鼠吱吱地叫着，它发出了哀鸣，可是谁也听不见。可怜的老鼠心想，这只桶大概就是自己的坟墓了。正在这时，一只大象经过桶边，用鼻子把老鼠吊了出来。老鼠感激地说："谢谢你，大象。你救了我的命，我希望能报答你。"大象笑着说："你准备怎么报答我呢？你不过是一只小小的老鼠而已。"

有一天晚上，大象不幸被猎人捉住了。猎人用绳子把大象捆了起来，准备等天亮后运走。大象伤心地躺在地上，无论它怎么挣扎，都无法把绳子扯断。

突然，老鼠出现了。它开始啃咬绳子，终于在天亮前咬断了绳子，替大象松了绑。

大象感激地说："谢谢你救了我的性命！你真的很强大！""不，其实我只是一只小小的老鼠。"小老鼠回答。

每个生命都有自己独特的天性，即使一只小小的老鼠，也有胜过比自己体型大很多的大象的一面。

一个懂得生活的人应当根据自己的天性，选择适合自己的生活方式，做自己爱做的事，做自己适合的事，这样才能够体会到生活的乐趣。一位心理学专家认为：生活，只有适合自己，适合自己的天性，有自己喜欢的内容，才是最好的生活。

这个世界上没有人是完美的，每个人都会有自己的缺陷。然而有的人活得开心，有的人总是生活在痛苦之中。其原因就在于开心的人拥有自己喜欢的生活，而痛苦的人，他们或许贫穷，或许富裕，但他们都没有过上自己真正喜欢的生活，他们痛苦的原因就在于他们没有发掘自己的天性。

"你的天性不可复制"，这句话包含着深刻的道理。一个人如果丢失了天性，便没有了存在的意义。一个成功的人，必定是一个善于利用自己天性的人。当一个人懂得珍惜自己的价值，明白自己来到人世的使命时，他的心中必定会充满自信。

我们的天性是不可复制的。你无须按照他人的眼光和标准来评判甚至约束自己，也无须总是效仿他人，要相信自己，保持自我的天性。

对于天性，如果我们可以扬长避短、妙用天性，就可以找到自己性格中最强的"音符"，发挥性格中最优秀的一面。所以，我们应该努力根据自己的天性来做好人生规划，量力而行。根据自己的条件、才能、素质、兴趣等，确定前进方向。要知道，做一个杰出的人不仅要善于观察世界、观察事物，也要善于观察自己，了解自己的性格。

## 活出真实的自己 ●

世界并不完美，人生当有不足。对于每个人来讲，不完美是客观存在的，无须怨天尤人。智者再优秀也有缺点，愚者再愚蠢也有优点。对人对己多做正面评价，不要用放大镜去看缺点，才能活出真实的自己。

人活在世上，主要目的就是幸福。幸福是一种很简单的东西。它是一种源自内心深处的平和与协调。无论一个人幸福与否，过得好与不好，最终都得回归自我，都得听从心灵的声音。只要你觉得自己是幸福的，你就是幸福的。反之，如果自己感觉不幸福，无论在别人的眼里如何风光，你的心里仍然只会充满寂寞和怅惘。无论幸福与否，都要活出真实的自己，无须在意别人的看法，要回归自我本色。

爱丽从小就特别敏感而腼腆。她的身体一直都很胖，而她的脸使她看起来比实际还胖得多。爱丽有一个很古板的母亲。母亲认为穿漂亮衣服是一件很愚蠢的事情，她总是对爱丽说："宽衣好穿，窄衣易破。"母亲总是按照这句话来帮爱丽选衣服，让爱丽看上去更胖了。因此，爱丽从来不和其他的孩子一起做室外活动，甚至不上体育课。她非常自卑，觉得自己和其他的人都"不一样"，完全不讨人喜欢。

长大之后，爱丽嫁给了一个比她大好几岁的男人，可是她并没有改变。她丈夫一家人都很好，每个人都充满了自信。爱丽尽最大的努力想要像他们一样，可是她做不到。他们为了使爱丽开朗而做的每一件事情，都只是令她更退缩到她的壳里去。

爱丽认为自己是一个失败的人，又怕她的丈夫会发现这一点，所以每次他们出现在公共场合的时候，她都会刻意去模仿别人看似优雅的服饰、动作或表情。她假装很开心。事后，爱丽总会为自己的行为难过好几天。

爱丽很困惑，不知道怎么办才好。这天，她来到公园，她再也忍不住放声大哭起来。这时，来了一个老婆婆。爱丽把她的遭遇告诉了老婆婆。老婆婆对她说："其实你没有必要这么痛苦。每个人的身上都有优点，这是其他人无法替代的。不管事情怎么样，保持你的本色，这样你才会快乐。"

"保持本色！"就是这句话！在一刹那之间，爱丽才发现自己之所以那么苦恼，就是因为她一直在强迫自己适合于一个并不适合自己的模式。

几年后，爱丽像换了一个人一样。她有了很多的朋友。自己也变得很有气质，家庭也因为她的改变而随之幸福。

爱丽之所以痛苦，是因为她把真实的自己隐藏起来了。她认为那是糟糕的自己。所以，她学习别人的优点，但到头来还是一样的痛苦。可一旦她走出了这个怪圈，找到了真实的自己，保持本色地去生活，幸福就降临到她的身上。

作为社会中的一员，角色的扮演是我们生活中必须要做的事。许多人面临角色选择的时候往往会显得无所适从。他们可能像故事中的爱丽一样，一味地模仿别人，结果只能以失去自我为代价。在纷繁复杂的现代生活中，摆脱内心的纷扰，活出真实的自己不是一件容易的事。

每个人都有属于自己的角色和人生。只有当他选择好自己的角色时，他才会拥有一个快乐的人生。如果你想让自己拥有快乐、幸福的人生，就要找到自己的角色。

# 第二章 我能管好我自己，

# 掌控自己，才能掌控复杂的世界

# 自制力是日常行为的一把保险锁 •

自制是指一个人对社会规范有明确认识，并自觉地调节和控制自己行为的品质。

自制是日常行为的一把保险锁。它要求孩子要用理性来平衡自己的情绪，用理性来指引自己的行为。

东汉末年，杨修以才思敏捷、聪慧过人而闻名于世，他在曹操的丞相府担任主簿，为曹操掌管文书事务。曹操为人诡谲，自视甚高。因而，曹操常常爱卖弄些小聪明，以刁难部下为乐。不过，杨修的机灵、颖悟又高过曹操，致使曹操常常生出许多自愧不如的感慨和酸溜溜的妒意。

建安二十四年春，曹操亲率大军进驻陕西阳平，与刘备争夺汉中之地。刘军防守严密，无懈可击。又逢连绵春雨，曹军出战不利。曹操见军事上毫无进展，颇有退兵的意思。

这天，曹操独自一人吃着饭，同时他也在思考下一步的行动。夏侯惇前来请示曹操，当晚军中用什么口令。军中规定每晚都要变换口令，以备哨兵盘查来人。此时，曹操正用筷子夹着一块鸡肋骨，于是脱口而出："鸡肋。"夏侯惇听了，传令众官，以"鸡肋"为口令。

杨修见传"鸡肋"二字，便让随行士兵收拾行装，准备撤兵。有人将此事报告给夏侯惇。夏侯惇大吃一惊，于是请杨修至帐中问道："您为何收拾行装？"

杨修说："从今夜的口令来看，便可以知道魏王不久便要退兵回都。鸡肋，吃起来没有肉，丢了又可惜。这正如现在的形势，进兵不能胜利，退兵让人耻笑，在这里耗着没有益处。不如早日回去，来日魏王必定班师还朝。因此我先行收拾行装，免得临到走时慌乱。"

夏侯惇听了也觉得有理，便令营内士兵整理行装。当晚，曹操出来巡营时一见，大吃一惊，急唤夏侯惇来查问。夏侯惇哪敢隐瞒，照实把杨修的猜度告诉了曹操。对杨修的过分机灵早已不满的曹操，这下子抓到了把柄，立即以惑乱军心的罪名把杨修杀了。

杨修死后不久，曹操还是下令退兵了。然而，就杨修而言，他早晚必死无疑。

因为他几次三番地恃才傲物，逞口舌之快。他不能在曹操面前收敛自己，而把小聪明用在一些无用的小事上面，又不顾忌上下尊卑，随心所欲地言行。正是因为他不能够控制自己的言行，才招来了杀身之祸。

自制力薄弱的人遇事容易不冷静，不能控制冲动的情绪；处理问题不顾后果，任性、冒失。这种人易被诱惑干扰而动摇，或惊慌失措。

实行"双减"政策之后，孩子们有了充裕的课外活动时间。但同时面临这样一个问题：放学回家以后，家长不在身边，也没有老师的监督，如何才能合理安排这一段"自由"时间呢？孩子们的自制力在外界强大的诱惑面前往往变得不堪一击。

自制力是一种克制或节制。自我约束是一种美德，是文明战胜野蛮、理智战胜情感、智慧战胜愚昧的表现。

在某些方面，春风得意的人并非因为天赋非凡，而是因为坚忍的意志才使他获得成功。如果我们没有自我控制的能力，就会缺乏忍耐精神，难以管理自己。

## 控制好情绪才能成大事 ●

能控制好自己情绪的人，能够理智地对待周围发生的事情，约束自己的行为。这样的人才有可能成就大事。

相反，如果一个人不能控制好自己的情绪，总是让自己的情绪主导着一切，口无遮拦，行无规矩，随心所欲，没有规划，也没有目标，那样的话，要么他所有的努力如同脱缰野马，根本不受控制，要么他的行为与周围环境格格不入。这些都将导致他无法到达成功的彼岸。

有一个名牌大学毕业的学生，在学校上学时就与一家公司签订了劳动合同，毕业后即到此家公司工作。他参加工作后，不仅工作浮躁，态度也很不认真。他还常常对学历不如他的人投去鄙视的目光，让其他员工难以忍受。可他自己却不以为意。因为他认为自己是名牌大学毕业的，应该有一种特殊"身份"。

老板知道这些事后，就把他叫到办公室批评了他，并给他讲为人处世的道理。他很不服气，再加上老板说话比较严厉，他一冲动，便和老板吵了起来，还把他是名牌大学毕业生这件事一直挂在嘴边。过了一会儿，老板很平静地说："既然你有这么高的水平，留在本公司工作还真是大材小用了。从明天开始，你就另谋高就吧！"

这位年轻人就是因为没有控制好自己的情绪和言行而走出了错误的一步。如果他懂得控制一下自己的情绪和言行，就不会有这样的结果了。他为自己的言行付出了高昂的代价，也为今后的求职道路制造了许多的障碍。

控制情绪的能力是优秀品格的主要特征之一。能镇定且平静地注视一个人的眼睛，甚至在极端恼怒的情况下也不会有一丁点的脾气，这会让人产生一种其他东西所无法给予的力量。在某国的特种部队，流传着这样一个故事：

一个间谍被敌军捉住以后装聋作哑，任凭对方用怎样的方法诱问他，都不为所动。最后，审问的人故意和气地对他说："好吧，看起来我从你这里问不出任何东西，你可以走了。"这个间谍会怎样做呢？他会立刻带着微笑转身走开吗？不会的！只有没有经验的间谍才会那样做。要是他真这样做，说明他的自制力是不够的。因为只要他一跨步，意味着他的身份已经暴露，死亡的危险马上就会降临。这个间谍听了审问者的话依然毫无动静，仿佛审问还在进行。审问者确信他是一个聋哑人，说："这个人如果不是聋哑人，那一定是一个疯子了！放他出去吧！"原来，审问者是想假借释放他、给他自由的方法，来观察他是否真的是聋哑人。就这样，这名有经验的间谍以他非凡的自制力，使自己免遭一劫。

由此可见，自制力是多么的重要。如果我们想为人生的画卷描绘美丽的图案，则有必要学会在大事和小事上进行自我控制。你必须学会容忍和控制，感性必须服从于理性判断。我们必须尽量避免坏的心情、坏的毛病等。这样，成功的钥匙才有可能掌握在你自己手中。

## 能屈能伸 •

能屈能伸是高情商的人的超人之处。屈者，比坚者有更大的柔韧性。他们对情绪控制的能力可谓炉火纯青。学会弯曲是打开成功之门的钥匙。

成功之门往往就在你的面前。有些人仅仅因为成功之门没有他想象中的那样雄伟有气势，就放弃了，甚至不屑一顾。其实门内有着无限的风光。只要稍微地弯下身来，成功就变得唾手可得。

有一所佛学院，建院历史悠久，拥有灿烂辉煌的建筑，还培养出了许多著名的学者。这所佛学院有一个特点是其他佛学院所没有的。这是一个极其微小的细节。所有进入过这里的人，当他们再出来的时候，几乎无一例外地承认，正是这个细节使他们顿悟，让他们受益无穷。

这是一个很简单的细节：佛学院在它的正门一侧又开了一个小门。这个小门只有 1.5 米高、0.4 米宽。一个成年人要想过去必须弯腰侧身，不然就只能碰壁了。

这正是佛学院给它的学生上的第一堂课。所有新来的人，教师都会引导他到这个小门旁，让他进出一次。很显然，所有的人都是弯腰侧身进出的。虽然有失礼仪和风度，但是却达到了目的。教师说，大门当然出入方便，而且能够让一个人很体面、很有风度地出入。但是，有很多时候，人们要出入的地方并不是都有着壮观的大门，或者有大门也不是可以随便出入的。这个时候，只有学会了弯腰和侧身的人，只有暂时放下尊严和体面的人，才能够出入。否则，有很多时候，你就只能被挡在院墙之外了。

佛学院的教师告诉他们的学生，佛家的哲学就在这个小门里。其实，人生的哲学何尝不在这个小门里？人生之路，尤其是通向成功的路上，几乎是没有宽阔的大门的，所有的门都是需要弯腰侧身才可以进去的。

在加拿大魁北克一条南北向的山谷中，西坡长满松树、女贞、柏树，而东坡只有雪松。为什么会出现这样的现象？因为东坡雪很大。雪松比较柔软。当雪在雪松上积累到一定重量时它就弯曲了，令雪滑落下来。而女贞、柏树却不能弯曲，它们就被雪压断了。

再锐利的东西，如果轻易就断掉，那也是毫无用处的。人固然需要刀片般的锋利，也需要柳条一样的柔韧。在这个世界上，要柔中带刚，刚里带柔，才会活得自由自在。

所以，当没有证据表明你处境较好的时候，千万别抱有获胜的幻想。如果你愿意去做战胜最强大的对手所需要做的一切——即使包括百依百顺、卑躬屈膝——你就会赢。刚则易折，易被柔所破。弯曲不是软弱，而是坚韧，富有弹性。因而面对强手不会被对方摧垮，而是主动避其锋芒。在对手扑空没来得及反应的时候，抓住机会攻其要害。更有甚者，你必须能够忍受由于自己明显的失败，别人幸灾乐祸地强加在你头上的耻辱。做到这一点，必须有超人的耐心与承受力。只有这样的高情商的人，才能获得成功。

## 转移自己的注意力 ●

我们有时会看到十字路口红绿灯失控时交通拥挤的"惨状"。整个路面成了车的海洋。不耐烦的司机在车里鸣笛叫喊。喇叭声充斥于耳。整个交通处于瘫痪、混乱的状态。这个时候就体现出交警的重要性。该停的停，该转的转。如果没有交警的管理疏导，不知道会拥堵到什么时候，造成什么后果。人的情绪有时就如杂乱的交通一样让人头疼。这时你就要做自己心灵的交警，给这些情绪做一个疏导，使自己的情绪变得平稳。

明智的人会接受情绪不可避免的波动。所以，当他们感到沮丧、生气或紧张时，他们会理智对待。他们不但不会因为感觉不好就对抗这些情绪或感到恐慌，反而自在地接纳了这些情绪，知道这些终会过去。这种做法让他们可以平和而优雅地摆脱负面情绪。

下次你感到难过时，不要抗拒它，试着放轻松，看看你是否能够保持优雅与镇定。不要对抗自己的负面情绪。只要你很镇定，它就会像落日一样消失在夜幕中。

如何移情，各有各的说法。《理瀹骈文》中写道，"七情之病者，看书解闷，听曲消愁，有甚于服药者矣。"除此之外，还有运动移情法、琴棋书画移情法等。但这些方法都有"阳春白雪"之嫌，尤其是当情绪忽然上来的时候，哪里还有工夫去摆弄琴棋书画呢？

其实，我们并不需要一个刻意的方法去转移情绪。只要你抽出一点时间，看看周围的事物，你的情绪就会平稳很多。

有一个圆环。它除了陪小主人玩就再也没有别的事了。尤其是当小主人去上学的时候，它更是觉得生活百无聊赖，提不起精神。

于是，它就告别了小主人，准备去外面找找更加开心的事情。小主人答应了它，并把它送到一个高高的山坡上。

圆环很高兴，一下子就从山坡上滚了下去。可是它太圆了，所以滚得很快。刚开始还有点新鲜劲。可是一天天都这么滚，好像跟平时也没什么两样。

圆环的情绪很不好。有一天停下来的时候，它忍不住长吁短叹，还哭了起来。它心想，自己真是瞎折腾，出来这么久还是找不到快乐。

一只可爱的兔子唱着歌蹦蹦跳跳地走过。兔子看到哭泣的圆环，就问它出了什么事。圆环把自己的伤心事告诉了兔子。

兔子转了转眼珠，问它："你是不是总跑得很快？"

圆环说："嗯，是啊。"

兔子笑了起来，说："那就难怪了。你跑得太快，就错过了身边的风景啊。如果你细心看过身边不同的风景，就会很快忘了自己心中的烦恼。"

原来是这样啊，圆环若有所思。

可是怎么样让自己的速度慢下来呢？兔子想了一个好办法。它把圆环稍微弄扁了一些。这样，它的速度自然就慢下来了。

圆环慢慢地走着。在旅途中，它看到了美丽的风景。它和小花聊天，和小草嬉戏，听蝴蝶、蜜蜂讲远方有趣的故事。它终于找到了快乐。

故事中的圆环听了兔子的话，采取措施，放慢了自己的速度，从而把自己的视线转移到周围的风景上，最终找到了快乐。那么，我们呢？如果我们不把注意力放在与人钩心斗角、计较成败得失上，而是关注一下周围轻松快乐的风景，那么是不是更容易平复心中的情绪，找到生活的乐趣呢？

所以，当我们情绪低落的时候，不妨看看街边花园里的小狗。当它可爱地朝你摇着尾巴的时候，你是否觉得心情渐渐地好了呢？原来这个世界上还有这么多美好的事物。不管怎样，还有一只可爱的小狗在等待你的爱抚呢！

## 学会忍耐，不骄不躁 ●

随着时间的推移，孩子们会经历越来越多的事情。有许多事会让你们感到兴奋、喜悦，也有许多事会令你们感到沮丧，甚至愤怒。这时，你们需要学会正确地表达自己的情绪。"乐而不淫，哀而不伤"历来被看作是自我情绪控制的至高境界。控制情绪的能力有几种不同的层次。通过下面的故事，就可以了解这些不同的层次。

古时候有一个妇人。她特别喜欢为一些琐碎的小事生气。她也知道自己这样不好，便去求一位高僧为自己谈禅说道，开阔心胸。高僧听了她的讲述，一言不发地把她领到一间禅房中，落锁而去。

妇人气得跳脚大骂。高僧也不理会。妇人又开始哀求。高僧仍置若罔闻。妇人终于沉默了。高僧来到门外，问她："你还生气吗？"

妇人说："我只为我自己生气。我怎么会到这地方来受这份罪。"

"连自己都不原谅的人怎么能心如止水？"高僧拂袖而去。

过了一会儿，高僧又问她："还生气吗？"

"不生气了。"妇人说。

"为什么？"

"气也没有办法呀！"

"你的气并未消逝，还压在心里，爆发后将会更加剧烈。"高僧又离开了。

高僧第三次来到门前。妇人告诉他："我不生气了，因为不值得气。"

"还知道值不值得，可见心中还有衡量，还是有气根。"高僧笑道。

当高僧的身影迎着夕阳立在门外时，妇人问高僧："大师，什么是气？"

高僧将手中的茶水倾洒于地。妇人视之良久，顿悟，叩谢而去。

高僧用禅理告诉人们什么是"气"，为何要"怒"。"气"便是不加控制的情绪，是那种别人吐出而自己却接到口里的东西。吞下它时，便会反胃。不理它时，它便会消散了。"气"是用别人的过错来惩罚自己的蠢行。愤怒也是如此。

愤怒是一种很难控制的情绪。正因为愤怒难以控制，所以很容易酿成大祸，甚至丢掉性命。正如培根所说："愤怒，就像地雷，碰到任何东西都会一同毁灭。"莎士比亚说："不要因为你的敌人燃起一把火，你就把自己烧死。"让我们以平和的心境来对待生活中繁杂的事情吧！小心别伤害了自己，只有平静才是生活的真谛。当你的感情掌握了理智时，你将成为感情的奴隶；当你战胜自己的感情时，才证明你是主宰命运的人。

如果你不注意培养自己忍耐、心平气和的性情，不注意培养交往中必需的情商，遇到一丁点火星就暴跳如雷，情绪失控，就会把你的人缘都毁掉。

在所有负面情绪中，愤怒是最难摆脱、最不容易控制的，也是最具破坏性的负面情绪。因为人在发怒时，容易失去理智，让人觉得不可理喻，从而破坏良好的人际关系。对于领导者而言，盛怒之下容易造成决策的失误。三国时期，蜀国大将关羽被东吴杀害。刘备悲愤交加。他不听诸葛亮的劝阻，怒而兴兵伐吴，为关羽报仇。结果刘备的军队被吴将陆逊以火攻之，火烧连营，惨遭失败。

心理学认为，生气是一种不良情绪。它会使人闷闷不乐，低沉阴郁，进而阻碍情感交流，导致内疚与沮丧。

有关医学资料表明，愤怒会导致高血压、胃溃疡、失眠等疾病。据统计，情绪低落、容易生气的人，患癌症和神经衰弱的可能性要比其他人大。同病毒一样，愤怒是人体中的一种心理病毒，会使人重病缠身，一蹶不振。可见愤怒对人的身心有百害而无一利。

愤怒的行为不仅会伤害他人，也会伤害自己。我们必须学会用理智来思考问题，用理性来控制愤怒的情绪。这就要求你要学会忍耐。

# 没有人会为你的坏脾气买单 ●

有一个爱发脾气的男孩。他父亲给了他一袋钉子，并且告诉他，每当他发怒的时候，就钉一颗钉子在后院的围栏上。第一天，男孩钉下了 37 颗钉子。慢慢地，男孩每天钉钉子的数量减少了。他发现控制自己的脾气要比钉钉子容易。

终于有一天，这个男孩觉得自己再也不会失去耐性，乱发脾气了。

父亲又告诉他，从现在开始，每当他能控制自己的脾气的时候，就拔出一颗钉子。时间一天天过去，有一天男孩告诉他的父亲，他终于把所有钉子都给拔出来了。

父亲拉着他的手来到栅栏边，对男孩说："儿子，你做得很好。但是，你看一看那些钉子在栅栏上留下了那么多的小孔，栅栏再也不是原来的样子了。当你向别人发过脾气之后，你的言语就会刺伤别人，会在人们的心灵中留下像这些孔一样的疤痕。你这样做就好比用刀子刺向了某人的身体，然后再拔出来。无论你说多少次'对不起'，那伤口都会永远存在。其实，口头上对人们造成的伤害与行动上对人们造成的伤害没什么两样。"

这个故事告诉我们，你的坏脾气会伤害到你身边的人。即使有一天你不再发脾气了，那可怕的记忆也仍然存在于人们的脑海中，留下了抹不去的伤痛。而你，可能因为自己的坏脾气而失去亲人和朋友。他们将离你而去。因为，没有人愿意为你的坏脾气买单。

某天上班的高峰期，某男子开车去上班。由于车流量较大，男子眼看就要迟到了。车龙好不容易向前移动了一点，可前面的司机偏偏像睡着了一样，丝毫不动弹。男子开始冒火了，拼命地按喇叭。可前面的司机依然不为所动。男子气极了。他握在方向盘上的指尖开始发白，仿佛用手紧紧地卡住了前面司机的脖子。他的额头开始冒汗，心跳加快，满脸怒容。他真想冲上去把那个司机从车里扔出去！

他简直无法控制自己了，但车还是停滞不前。他冲上前去，猛敲车门。结果前面的司机也不甘示弱，打开车门，冲了出来。就这样，一场恶斗在大街上开始了。结果，男子打断了那个人的鼻梁骨，犯了故意伤人罪。等待他的将是法律的严惩。他不仅没赶上上班的时间，反而连工作也彻底丢了。这都是坏脾气惹的祸。

发脾气并不能使现有的问题得到解决，反而会使事情变得更糟。

事实上，愤怒的情绪是可以进行疏导的。

一般来说，愤怒基于责备。一旦陷入责备的对抗中，愤怒就会接踵而至，就像黑夜紧随白天那样自然。为了避免陷入这一困境，有效的办法是为它找到一条出路。而要想找到这一出路，只有运用情商才能实现。

发怒是由于收到外界刺激而产生的情绪波动。一个心智健全的人绝不会无缘无故地发怒，发怒总有原因和针对性。这个原因在别人眼里可能是无关痛痒的小事情，在易怒者眼中却是不可忍受的导火索。富兰克林曾说过："任何人生气都是有理由的，但很少有令人信服的理由。"要控制愤怒，必须提高自己对外界刺激的耐受力。

第一步，对自己以往的行为进行一番评价，看看自己过去发怒是否有道理。

一个老板对下属发火，原因是下属工作失误。这位下属不敢对老板生气，回家后对妻子乱发脾气。妻子没法，只好对儿子发脾气，儿子就对猫发脾气。这一连串的行为中，只有老板对下属发脾气是有缘由的，其他则都是无中生有。所以，在发怒之前，你最好分析一下，发怒的对象和理由是否合理，方法是否适当。这样你发怒的次数就会大大减少。

第二步，低估外因的伤害性。在生活中你可以观察到，易发火的人对鸡毛蒜皮的小事都很在意。别人不经意的一句话，他会耿耿于怀。过后，他又会把事情尽量往坏处想。结果，越想越气，终至怒发冲冠。

制怒的技巧是，当怒火中烧时，立即放松自己，命令自己把激怒的情境看淡看轻，避免正面冲突。当怒气稍降时，对刚才的激怒的情境进行客观评价，看看自己到底有没有责任，恼怒有没有必要。

莎士比亚笔下的奥赛罗听信小人谗言，怒发冲冠，回到家中不问青红皂白，把爱妻一剑送入黄泉。及至醒悟，已为时晚矣。痛不欲生的奥赛罗也自尽身亡。如果当时奥赛罗冷静下来，做一个理智的评估，他就不会做出这样的傻事了。

怒气是一种负能量。如果不加控制，它会泛滥成灾；如果稍加控制，它的破坏性就会大减；如果合理控制，甚至可能会从中有所收获。

每个人的情绪都是在时刻变化的。今天的心情与昨日的不同，明天的又与今日相异。如果将自己的情绪按照高低绘成曲线图，会发现情绪也有波峰波谷。如果时间长了，就会看到每隔一段时间情绪曲线的变化会重复一次。情绪出现少量波动是正常的，但频繁的、极强烈的波动却相对较少。我们要尽量把自己的情绪控制在一个相对稳定的状态。

人们时刻都要管理好自己的情绪，尤其是在人生的一些关键时刻。在每次要发脾气前，先冷静地问问自己：别人会为我的坏脾气买单吗？我自己可以为坏脾气买单吗？如果你自己也不想这么做，还是收起你的怒气吧。

## 冲动误大事 •

有一句话叫作"冲动是魔鬼"。实际上，"冲动甚于魔鬼"。在书中、电影中、生活中，有多少人都是因为一时冲动而犯下了大错，耽误了大事。

有一对年轻人结婚后生了一个孩子。太太因难产而死，留下丈夫和孩子两个人。

父亲既要挣钱养家维持生活，又要照顾家。因为没有人帮忙照看孩子，他就训练了一只狗。那狗聪明听话，能照顾小孩。它会咬着奶瓶喂奶给孩子喝，还会陪他玩，逗他开心。父亲对狗非常放心。

有一天，父亲出门去了，叫狗照顾孩子。

父亲到了另外一个乡村，遇到了大雪，当日不能回来。第二天，他赶回家。狗闻声立即出来迎接他。他把房门打开一看，惊呆了。屋里到处是血。抬头一望，床上也是血。孩子不见了。狗在身边，满口也是血。父亲看见这种情形，以为狗野性发作，把孩子吃掉了。大怒之下，他拿起刀来向着狗头一劈，把狗杀死了。

之后，他忽然听到孩子的声音，又见孩子从床下爬了出来。他赶忙抱起孩子，看了看孩子。虽然孩子身上有血，但并未受伤。

他很奇怪，不知究竟是怎么一回事。这时，他发现狗腿上的肉没有了。随后，他在院子里找到一具狼的尸体。狼的嘴里还咬着狗的肉。狗与狼搏斗，救了小主人，却被狗主人误杀了。

狗主人一定后悔自己一时冲动，错杀了自己最忠实的伙伴。而我们是不是也时常有这种情况：遇事总是按照自己的主观想法去判断，而不是去了解、去分析事情的真实情况，做出了很多无法挽回的错误决定。

有多少人因年轻气盛，一时冲动，与自己的亲人闹翻，造成了家庭的破裂，失去了最为珍贵的亲情；又有多少人因头脑发热而断送了自己的一生。所以，无论遇到什么事，无论当时的情形多么让人愤怒，我们都要尽量保持冷静、清醒的头脑，告诉自己等一等再做决定。

古希腊神话中有一个叫布鲁斯的人。他要离开家乡到远方去闯荡。临走时，他的妻子叮嘱他说："不论什么时候，都要等一等再做决定。"布鲁斯走了几天。一天晚上，他到一家旅店住宿。店主人告诉他："不管夜里发生什么，你都不要下楼去看。"

在睡梦中，布鲁斯被一种奇怪的声音吵醒。好像楼下有人在喊叫。他非常想去看个究竟。但他想起了店主人和妻子的话，便控制住自己的好奇心，接着睡觉。

第二天早上，他要动身离开。店主人对他说："你是第一个活着离开这里的客人。"

布鲁斯大惊："为什么？"

店主人说："你听到的那个声音是我得癫狂症的儿子。他每天晚上都在院子里喊叫，把人吸引到楼下后杀死。过去所有被害的人都是听到叫喊声以后非常好奇，忍不住下楼，因此丢了性命。只有你能控制住自己。"

多年以后，布鲁斯成了富翁，回到了家乡。他远远地就看到了自己的房子。院子里自己的妻子正和一个年轻男子在一起。她轻轻地抚摩着那个男子的头，看上去十分亲密。

他不由得感到愤怒，认为妻子背叛了自己。他拿出了自己防身用的匕首，准备上去先干掉那个男子。可他还是克制住了自己，没有冲动，准备弄清楚事情再说。

他慢慢地走到门口。妻子看到了他，非常高兴，跑过来一把抱住了他："你终于回来了！"又转过头去对那个男子说："快过来啊。这就是你的爸爸。"

布鲁斯庆幸自己刚刚没有因为一时的冲动而做出傻事。否则，一家团圆就成了父子相残了。他此时终于明白了妻子曾经对他说过的那句话："不论什么时候，都要等一等再做决定。"

我们在做事情时，也应该等一等再做决定。等什么呢？等自己的情绪稳定下来，等自己的头脑清醒过来，等自己不会因为一时热血沸腾而做出不理智的事，等自己确定做了决定后事态不会失控。

大多数成功的人都是能够对情绪控制得当的人。这时，情绪已经不仅仅是一种感情的表达，更是一种重要的生存智慧。如果不注意控制自己的情绪，随心所欲，就可能带来毁灭性的灾难。情绪控制得好，则可以帮你化险为夷。所以，我们要学会控制自己的情绪，不能放纵自己。

人们形容某些幼稚的行为举动时，常会用"冲动"一词来表达。也有些不负责任的人，在做了错事之后不敢承担责任，用"一时冲动"来替自己辩解。人要想在竞争激烈的环境中有所作为，必须学会克制住冲动，否则事情将变得一发不可收拾，其后果也许令我们难以承受。

1. 用理智战胜冲动

理智的人遇上不顺心之事，一般都能三思而后行。很多不正确的判断常常是在不冷静的时刻做出的。判断失误必然导致行为欠妥。如果人们能在最短的时间内让头脑降温，就会迅速熄灭引起危险的导火线。

2. 提高文化素养

能否理智行事常常与文化程度的高低成正比。这点和某法院的调查报告完全吻合："冲动杀人的罪犯大多仅有初中以下文化程度。文化程度低下，缺乏自控能力是逞一时之快杀人的重要原因之一。"众所周知，法律对一些欲铤而走险的人能起警示作用。如果文化程度低下，再加上法律意识淡薄，那么这种"无知无畏"的人就极其容易走向犯罪的深渊。

3. 用外人的眼光看问题

"当局者迷，旁观者清"，这话不无道理。在日常生活中，我们每个人都曾作为局外人观看过别人吵架。这时候，无论是哪一方的言行，其失当和偏颇之处你大多都能觉察出来。因此，如果人们能以局外人的眼光观察自己，就可以避免很多不良后果。

"冲动是魔鬼"，我们应该时刻谨记这句话，并在我们情绪失控的时候以此来加以制止。任何事情都应该三思而后行，一时的冲动只能让结果变得更坏。

## 摒弃各种诱惑，专注于正在做的事 •

曾经有一个动画片，讲的是一个男孩放暑假的故事。他早晨起来准备写作业，可没写几笔，目光就被一长排"搬家"的小蚂蚁吸引到墙根下了。他想，观察一下蚂蚁的分工和工作也不错啊。可没看一会儿，他又拿着网子去捉知了了。还没有捉到知了，他又决定去捕鱼……就这样，当夕阳西下时，他把自己弄得像个小泥猴一样，却没有捉到一只知了，也没有捕到一条鱼。作业本安安静静地躺在写字桌上。字迹仍停留在早晨的那个位置。

不要认为这个动画片是在讲别人的故事。它反映的是孩子们普遍存在的毛病——不能够专注于一件事情，把事情做好。这是不能够自制的一种表现。

歌德说："无论从事什么样的工作，只要你具备了专注的精神，就一定会有所成就。"专注于某个目标，并全身心投入的人，往往会在工作中创造出奇迹。

当麦肯利还是一名从美国俄亥俄州来的国会议员时，当时的总统胡佛便对他说："为了取得成功，获得名誉，你必须专注于某一个特定方向的发展。你千万不可以一有某种想法或者方案，就立即发表演说把它表达出来。你固然可以选择法律的某一个分支作为你研究的对象，但是，你为什么不选择关税作为你研究的对象呢？这个课题在接下来的几年中都难以被解决。所以，它将为你提供一片广阔的研究天地。"

这些话语一直萦绕在麦肯利耳边。从此，他开始研究关税。不久，他就成为这个课题的权威专家之一。当他的关税方案被参议院通过时，他达到了自己事业上的顶峰。

一个人想实现自己的人生价值，却把精力分散到许多事情上，这样的人是不会成功的。要知道，任何一个获得成功的人都是把所有的精力集中于一个特定的事情上的。

有人问爱迪生："你成功的第一要素是什么？"

爱迪生答道："能够将身体与心智的能量锲而不舍地运用在同一个问题上而不觉厌倦……"对大多数人而言，他们肯定是在坚持做一些事。唯一的问题是，他们同时做很多件事，而成功人士一次只做一件事。假如他们将这些时间用在同一个方向、同一个目的上，他们更有希望获得成功。

拿破仑·希尔认为：如果一个人执着地追求某一项事业，聚精会神地去做，就能产生超乎寻常人的能力，排除难以想象的困难。你一旦专注于某一方面，埋头耕耘、专心致志，就能做出令自己都吃惊的成绩来。"成于专而毁于杂"，这是经过无数人的实践证实的道理。

爱因斯坦在发现相对论之前，就经过长期着了迷的观察、测量和计算。他简直成了"一个中了魔的人"。一次，他从梯子上摔到地上。家人将他抬到床上。大家都惊呆了，不知所措。可是，爱因斯坦却仍沉醉在他的思考之中，还向众人提出问题："为什么下坠者要笔直地掉下来呢？"弄得家人"丈二和尚摸不着头脑"。

经过这样长时间专注的思考之后，相对论诞生了。

世界歌王鲁契亚诺·帕瓦罗蒂回顾自己走过的成功之路时说：

"当我还是一个孩子时，我的父亲——一个面包师，就开始教我学习歌唱。他鼓励我刻苦练习，提高嗓子的功底。后来，在我的家乡意大利的摩德纳市，一位名叫阿里戈·波拉的专业歌手收我做他的学生。那时，我还在一所师范学院上学。在毕业时，我问父亲：'我应该怎么办？'

"我父亲这样回答我：'鲁契亚诺，如果你想同时坐两把椅子，你只会掉到两把椅子之间的地上。在生活中，你应该选定一把椅子。'

"我选择了唱歌。我忍住失败的痛苦，经过7年的学习，终于第一次正式登台演出。此后我又用了7年的时间，才得以进入大都会歌剧院。现在我的看法是：不论是砌砖工人，还是作家，不管我们选择何种职业，都应有一种献身精神。坚持不懈是关键。选定一把椅子吧。"

孩子们常常犯这样的毛病，比如他们想专心致力于一件事，但又觉得尚有其他事要做，或者被其他事情吸引了自己的注意力。于是产生了挂念这个、惦记那个的烦恼。这是人类的通病。大家可能都有这样的经验：一方面要忙着准备考试，一方面又舍不得放弃参加各种团体活动。

此时，大家很可能因为难以决择而落得两头皆空。一位作家经常在工作与喝酒之间犹豫不决，但最后往往还是选择喝个痛快。

当一连大醉了两天两夜，后悔的情绪开始作祟时，作家才恍然觉得："这怎么行呢？"于是，作家戒了酒，全心投入工作。

当你决定做一件事情之后，就坚持做下去，不要轻易受外界环境的干扰。即使是遇到了困难，也不可以轻言放弃，随意退缩，往往这个时候才能考验出一个人真正的自制能力。

孩子们可以从上课专心听讲做起，做到心无旁骛，将所有的注意力都集中到老师所讲授的内容上。如果你们能抵制各种诱惑，一心一意地听课学习，相信你们的成绩会有更高的提升。

## 控制自己让你更强大

一个人要成就大的事业，就不能随心所欲、感情用事，对自己的言行应有所克制。这样才能使自己的错误、缺点得到抑制，不致铸成大错。高尔基说："哪怕给自己一点小小的克制，都会使人变得强而有力。"德国诗人歌德说："谁若游戏人生，他就一事无成；谁不能主宰自己，他就永远是一个奴隶。"一个人要想成为能够主宰自己命运的强者，成就一番事业，就必须对自己有所约束、有所克制。

贝利从小就显现出非凡的足球天赋。他常常踢着父亲为他特制的"足球"——用一个大号袜子塞满破布和旧报纸，然后尽量捏成球形，外面再用绳子捆紧。贝利经常光着黑瘦的脊梁，在家门前那条坑坑注注的小街赤着脚练球。尽管他经常摔得身上青一块、紫一块，但他仍旧锲而不舍地向着想象中的球门冲刺。

渐渐地，贝利有了些名气。许多认识或不认识的人常常跟他打招呼，还向他递烟。像所有未成年人一样，贝利喜欢抽烟时的那种"长大了"的感觉。

有一次，当贝利在街上向别人要烟的时候，父亲刚好从他身边经过。父亲的脸色很难看。贝利低下头，不敢看父亲的眼睛。因为，他看到父亲的眼睛里有一种忧伤，有一种绝望，还有一种恨铁不成钢的怒火。

父亲说："我看见你抽烟了。"

贝利不敢回答父亲，于是他一言不发。

父亲又说："是我看错了吗？"

贝利盯着父亲的脚尖，小声说："不，你没有。"

父亲又问："你抽烟多久了？"

贝利小声为自己辩解："我只抽过几次，几天前才……"

父亲打断了他的话，说："告诉我烟的味道好吗？我没抽过烟，不知道烟是什么味道。"贝利说："我也不知道，其实并不太好。"说话的时候，贝利突然绷紧了浑身的肌肉，手不由自主地往脸上捂去。因为他看到站在他跟前的父亲猛地抬起了手。然而，那并不是贝利预料中的耳光。父亲把他搂进了怀中。

父亲说："你踢球有点天分，也许会成为一名优秀的运动员。但如果你抽烟、喝酒，那你的天分就到此为止了。因为你将不能在90分钟内保持一个较高的水准。这事由你自己决定吧。"

贝利感到又羞又愧，眼睛里涩涩的。可他抬起头来，看到父亲的脸上已是泪水纵横……

后来，贝利再也没有抽过烟。他凭着自己的勤学苦练，终于成了一代球王。

自制对于一个人的成长进步有着十分重要的意义和作用。每个人都应当树立自我管理意识，在心中培养自我管理意识的紧迫感。这种紧迫感不能是别人强加的，必须是自己切身感觉到的。

首先，这种紧迫感来自个人成长和发展的强烈渴望。有了这样的渴望，人们才能产生有效地管理自己的思想、言论和行动的需求，才能自觉地去管理自己。反之，一个人没有成长和发展自己的渴望，当然不会产生需要管理自己的意识。

其次，这种紧迫感来自对社会现实的深刻认识。当今的社会，管理作为一门学科迅速应用于人们生活的各个领域。整个社会的经济管理、政治管理、思想管理、法律管理、道德文化管理等正在走向科学化。越来越多的人开始把管理科学运用于人生规划。人们盲目对待人生的时代正在宣告结束。人生正在朝着科学化的方向前进。科学化的人生需要科学的自我管理。人们如果能清醒地看到这一点，就会产生一种觉悟。即自己不能科学地管理自己，就会失去人生的主动权，就会被别人远远地抛在后边。有了这种觉悟，人就会主动地发展自己。

人的自制能力和自我管理能力并不是天生的。它和人的其他能力一样，都是后天开发出来的。每个人的自我管理能力都是可以不断提高的。那么，孩子们怎样才能不断提高自己的自我管理能力呢？

**1. 正确认识自己**

正确认识自己是多方面的，包括生理机能、心理素质、智能特点、行为特点，等等。从个人修养角度，则主要在于个体应客观地、全面地、正确地认识和评价自己，为自律打下良好的基础。这就是所谓的"自知者明"。一个人如果不能自识、自知，就无从自律。在行动中就会因盲目而导致失败。只有首先自识，才能自觉按客观规律严于律己，在行动中获得成功。

**2. 多多反省自身**

自省即自我反省、自我监督、自我检点。它是在自识前提下进行的。通过自省，可以发现自己思想深处存在的种种问题。

**3. 做好自我批评**

自我批评是自省的进一步发展与深化。自我批评历来是成就大业者自我教育、自我改造、开诚布公承认错误和公开改正自己错误的最好武器。凡是在修养上卓有成效者，都是严于自我剖析、勇于自我批评的人。

## 冷静沉着，遇事应付自如 ●

一个人在危难之时能够保持冷静，不仅是一种可贵的品质，而且也是战胜困难、避免危险的重要条件。

第二次世界大战期间，法国有一位普通的家庭主妇。在马奇诺防线被德军攻陷后，她的丈夫雷诺成了德国人的俘虏。她的身边只留下2个幼小的儿女——12岁的雅克和10岁的杰奎琳。为把德军赶出自己的祖国，母子3人参加了当时的秘密情报工作。

一天晚上，屋里闯进了3个德国军官。其中一个是本地区情报部的中尉。他们坐下后，一个少校军官对着一张揉皱的纸就着暗淡的灯光吃力地阅读起来。这时，那个情报部的中尉顺手拿过藏有情报的蜡烛点燃，放到少校面前。情况变得危急起来。雷诺夫人很清楚，当蜡烛燃到铁管时就会自动熄灭，同时也意味着他们一家三口的生命将要结束。她看着2个脸色苍白的儿女，急忙从厨房中取出一盏油灯放在桌上。"瞧，先生们，这盏灯更亮些。"说着轻轻地把蜡烛吹熄。一场危机似乎过去了。但是，轻松没有持续多久。那个中尉把冒着青烟的烛芯重新点燃。"晚上这么黑，多点支小蜡烛也好。"他说。烛光接着发出微弱的光。此时此刻，它仿佛成为这屋里最可怕的东西。雷诺夫人的心提到了嗓子眼。她感到德军那几双恶狼般的眼睛都盯在越来越短的蜡烛上。一旦这个情报中转站暴露，后果是不堪设想的。

这时候，儿子雅克慢慢地站起来，说道："天真冷，我到柴房去搬些柴来生火吧。"说着伸手端起烛台朝门口走去。屋里顿时暗下来。中尉快步赶上前，厉声喝道："你不用灯就不行吗？"一把把烛台夺回。

时间一分一秒地过去。突然，女儿杰奎琳娇声对少校说道："少校先生，天晚了，楼上黑，我可以拿一盏灯上楼睡觉吗？"少校瞧了瞧这个可爱的小姑娘，一把把她拉到身边，用亲切的声音说："当然可以。我家也有一个像你这样年纪的小女儿。来，我给你讲讲我的小女儿好吗？"杰奎琳仰起小脸，高兴地说："那太好了。不过，少校先生，今晚我的头很痛。我想睡觉了。下次您再给我讲好吗？""少校回答：当然可以，小姑娘。"杰奎琳镇定地把烛台端起来，向几位军官道过晚安，上楼去了。正当她踏上最后一级阶梯时，蜡烛熄灭了。

　　冷静沉着，临危不乱，才能够化险为夷，力挽狂澜。面对生活中的压力和危险，我们要从容不迫，沉着应对，保持一颗冷静的头脑，才能控制好意外的局面。

# 做一个懂沟通会说话的孩子

## 第四章

### 我有很多好朋友、

## 坦诚赢得信任 •

一直以来，杜延用都在试图把自己公司的煤推销给一家大型连锁公司。然而，那家连锁公司还是继续使用另一家公司的煤。因此，杜延用曾经在心底抱怨过那家连锁公司。

事情的转机发生在一次主题为"连锁公司的利与弊"的大型辩论会中。杜延用答应站在支持连锁公司的一方进行辩论。为了收集资料，他又到了那家连锁公司，去拜见一位部门经理。

见面后，杜延用说："我到这里来，并不是向您推销煤的。我只是来请求您帮我一个忙。"接着他把辩论的事情跟对方详细地说了一遍，然后说："我是来请您帮忙的，因为我想不出还有什么人比您更能提供给我所需要的资料了。我非常想赢得这场辩论。对于您的帮助，我将感激不尽。"

刚开始，杜延用请求对方给自己5分钟时间。对方答应了。当杜延用说明来意后，对方就请他坐了下来，并谈了将近3小时。最后，对方请来一位曾经写过一本有关连锁公司的书的高级文员，让杜延用与他交谈。经理还写信给中国连锁经营协会，为杜延用要了一份他需要的资料。这份资料对杜延用的辩论很有帮助。

为什么那家连锁公司的经理会如此尽力地帮忙呢？因为杜延用所说的"我认为连锁公司是一种真正的服务""我为我向数百个地区的人民所提供的服务而感到自豪"，让那家连锁公司的经理深感赞同。

当杜延用走时，经理送他到门外，揽住杜延用的肩膀，预祝他辩论得胜，并诚邀他以后再来做客。最后，经理说了这样一句话："请在秋末时再来找我。我想签下一份订单，买你的煤。"

杜延用有点惊讶。因为在整个交谈过程中，他和这位经理没有提及半个"煤"字。

人与人之间，无论是陌生人还是朋友，无论是亲人还是顾客，都应该相互坦诚。如何才能获得别人的坦诚呢？答案是，只有坦诚才能换来坦诚！你只有对他人坦诚，他人才能对你信任、对你坦诚，从而拉近彼此的距离。

"人无信不立"是中国的古语，说的就是真诚、信用的重要性。没有真诚就难以处世。然而当今许多人忽视了真诚的重要性，认识不到真诚所具有的能量。

坦诚能够为你的事业赢得良好的人际关系。坦诚能引领你走向事业的巅峰。如果你处理事情时能用坦诚取代防备、猜疑，就能得到出乎意料的收获。心理学专家认为，每个人内心深处都有保守、自私的一面，同时又希望获得他人的理解和信任，有开放的一面。一个人如果过于保守、自私，对人不真诚，就必然得不到别人的坦诚相待。这样的人活在虚伪和欺骗之中，是很难成功的。

故事里杜延用曾经数次向那家连锁公司推销煤，都没有成功，却在一次坦诚交流中赢得了那家连锁公司的信任，意外地达成了合作。在社会中，我们应该注意，不要一味地把人与人之间的关系看成一种互相利用的关系。你只有懂得真诚待人，才能拥有良好的人际关系。率直、大方的处世方式，往往使人易于亲近，也会让事情变得好办许多。

## 微笑是一剂灵丹妙药 ●

斯坦哈德在纽约证券交易所上班。他给人的感觉一向很严肃。在他脸上难得见到一丝笑容。他结婚已经有 18 年了。这么多年来，从他起床到离开家这段时间，他很少对自己的太太露出一丝微笑，也很少说话。家里的生活一直很沉闷。

他很想改变这种状况。一天早晨他梳头的时候，从镜子里看到自己那张绷得紧紧的脸，他就对自己说："斯坦哈德，你今天必须让你那张凝重得像石膏像的脸放松。从现在开始，你要露出笑容来。"坐下吃早餐的时候，他脸上有了轻松的笑意。他向太太打招呼："亲爱的，早！"

太太完全愣住了。对于斯坦哈德的改变，她感到非常高兴。斯坦哈德告诉她以后都会这样。从那以后，他的家庭生活完全变样了。

此后，每当斯坦哈德去办公室时，他都会对电梯员微笑着说："你早！"去柜台换钱时，对着里面的伙计，他的脸上也带着笑容。在去股票交易所的路上，对着那些素昧平生的人，他的脸上也带着笑容。

渐渐地，斯坦哈德发现人人都开始对自己微笑了。

慢慢地，斯坦哈德也改掉了原来对人直接批评的习惯。他把斥责人的话换成了赞赏和鼓励的话。他再也不讲"我需要什么"，而是尽量去接受别人的观点。这些做法真实地改变了他的生活。现在的斯坦哈德是一个跟过去完全不同的人了，他变成了一个更快乐、更充实的人。

而这些无不都是源于微笑的神奇力量。假如生活中的你和曾经的斯坦哈德相似，你知道该怎么做了吗？那就是一定要让自己常常微笑。如果你独自一人，可以吹吹笛子，或哼哼调子、唱唱歌。

做出快乐的样子，就能使你快乐。如果你喜欢你自己，并且也希望别人喜欢你，那么你就应该谨记：将微笑作为你的通行证。

哈佛大学教授威廉·詹姆斯曾说过："行动好像是跟着感觉走的。可是事实上，行动和感受是并行的。所以当你需要快乐时，就要强迫自己快乐起来。"

每个人都希望和别人友好相处。有一个确实有效的方法，那就是控制你的情绪。快乐不取决于外界的环境，而是依靠内心的想法。快乐出自你的心情。你不需要从外界寻求快乐。不管你曾拥有什么、你是谁、你在何处，或者你是做什么的，只要你想快乐，你就能快乐。

美国密歇根大学心理学教授对人的微笑进行研究，得出这样的结论："面带微笑的人，通常更善于处理事务、教导学生或推销商品，也更能培养出快乐的孩子。"

微笑既是天然的美容剂，也是人际关系的融合剂。爱微笑的人往往会更加幸运和优秀。微笑让一个人显得更为亲切，容易受到他人的喜欢。回想一下，当你的老师面带笑容给大家讲课的时候，是不是你们每个人都会更有学习的劲头，也更喜欢和老师进行互动。而一旦遇到严肃的不苟言笑的老师，课堂气氛就会变得死气沉沉。

也许你会说，你天生不喜欢笑；也许你会说，你不开心的时候就不想笑。心理学专家发现，一个人的情绪可以影响他的表情，而一个人的表情也同样可以影响他的情绪。当你不开心的时候，露出一个微笑，你会发现心情变好很多。当你和他人接触的时候，始终面带微笑，既会让熟人感到愉悦，也会拉近和陌生人的距离，为你的第一印象加分。每天清晨起来，对着镜子给自己一个微笑，看着自己的笑脸，也会让你变得开心起来。

所以，孩子们，多多微笑吧！

## 重视别人的名字 ●

吉姆·法利 10 岁辍学，他没有接受更多的教育，却拥有一种天生让别人喜欢他的本领。

吉姆后来步入政坛，当上了高级官员时，有记者采访他。

记者问："你成功的秘诀是什么？"

吉姆说："努力工作。"

记者说："就这么简单吗？"

吉姆反问："你认为我成功的原因是什么？"

记者回答："我知道你可以记住 1 万个人的姓名。"

吉姆却说道："你错了，我能够记住的姓名更多。"

就凭这个本事，吉姆曾在 1932 年罗斯福竞选总统时帮助罗斯福顺利进驻白宫。

就在罗斯福开始竞选总统的前几个月，吉姆每天都要写数百封信寄给美国西部和西北部各州的选民，对他造访过的朋友一一写信回访，并且都以"亲爱的某某"开头。吉姆早就发现一般人都非常关注自己的姓名，甚至认为自己的姓名比世界上其他人的名字加起来还要重要。

所以孩子们请记住，要想扩大自己的交际范围，得到众人的支持，就请从重视别人的名字开始吧！

凭借自己能记住别人名字的本领，吉姆为自己的人生提供了积极的助力。记住别人的名字会让别人有受到重视的感觉，从而对你也会产生好的印象。就像我们遇到曾经有过一面之缘的人，如果人家能记得我们，并叫出我们的名字，我们通常会感到非常高兴。

记住别人的名字是人际交往中很重要的一点。事实上，你能记住的关于别人的信息越多，你在与其的交往中就越处于有利的位置。试想一个曾经和你打过交道的人，再次见到你时已经想不起来你叫什么。你是不是会觉得心里很不舒服，有种不被重视的感觉？但如果他能清楚地记得你的名字，甚至记得很多其他的信息，你对他的好感就会明显地提升。

在别人告诉你他的名字时，你要做到用心去听和记，不要随耳一听就忘掉。如果对方的名字比较复杂，你可以重复一遍，和其确认一下。在接触的过程中，多叫一下他的名字，这样本来陌生的名字就能够在不知不觉中记下来了。如果是在人比较多的公共场合，你可以在他人做自我介绍时悄悄地把其名字写在一个记事本上。不仅仅是名字，还可以包括职业、生日等其他信息。总之，你对一个人的信息了解得越全面越好。这样，在下次遇到他的时候，你就可以顺利地叫出他的名字了。

在这里做一个小提示：千万不要把别人的名字叫错。这比记不住他的名字更为糟糕。因为这是不尊重人的表现。所以，在记住别人名字这件事情上，孩子们还是要多用一点心，这会给你们带来意想不到的收获。

# 抬高自己就是孤立自己 ●

安德森是一个非常优秀的青年，头脑很聪明。在大学期间，他是令人羡慕的"学习尖子"。或许正是因为他太优秀了，所以其他人在他眼里简直不值一提。

安德森是一个特立独行的人，他时时感到自己是"鹤立鸡群"。他不仅看不上周围的同学，连一些教授他也不放在心上，因为他们讲的课程对安德森来说实在太简单了。

学业上的优秀使安德森逐渐形成了一种优越感，因而他在人际交往上变得极为挑剔，容不得别人有一点毛病。一次，有位同学向他借了一本书，书还回来时被那位同学弄破了一点。虽然那位同学一再向他表示歉意，但安德森仍然无法原谅他。尽管他当时碍于面子，什么话也没说，然而从那以后，他再也不愿理睬那个借书的同学了。渐渐地，安德森成了其他同学眼中的"怪人"，大家不敢再和他交往，甚至不愿意和他交往。当然，这种"集体排斥"并没有阻碍安德森在学业上的成功。

安德森的功课门门都很优秀，年年都获得奖学金。他曾代表学校参加过国际性竞赛并获得了奖项。许多老师和学生都一致认为，他是一个难得的"天才"。

数年寒窗苦读后，安德森以优异的成绩毕业，顺利进入一家待遇优厚的大公司。他心中对未来充满了憧憬，准备干一番轰轰烈烈的事业。

不过，上班后的生活远远不像在学校里那样简单。安德森每天都少不了和上司、同事、客户等各种各样的人打交道。他对此感到十分厌烦。原因在于，他在与人交往时仍然抱着那种挑剔的心理，一旦与人接触就对他人的缺点非常敏感。

　　毕竟，安德森太优秀了，很少有人能够和他相提并论。因此，他对别人的挑剔越来越严重，甚至逐渐发展成对他人的厌恶。他讨厌那些平庸的同事、低能的上司，有时甚至说不清对方有什么具体的缺点，但他就是感觉不对劲。长此以往，安德森与周围的人关系紧张，彼此都感到很别扭。他经常与同事闹得不可开交，也往往因一些微不足道的小事而与上司发生龃龉。

　　终于有一天，安德森彻底变成了一个无人理睬的闲人了。虽然他确实很有才干，但上司不再派给他任何任务，同事们也像躲避瘟疫一样远离他。在走投无路之际，他只好写了一份辞职书，结果马上得到了批准。

　　随后，安德森又到别处应聘。可是一连换了四五家公司，竟然没有一家令他感到满意。这位原本前途远大的青年心情变得越来越苦闷，日益形单影只。在痛苦的煎熬中，他的精神逐渐崩溃，最后，他患上了抑郁症，被送入医院治疗。

　　一个人如果太把自己当回事了，就容易挑三拣四、忘乎所以、刚愎自用，并且在与人相处时会吹毛求疵。时间长了，他就会被人孤立。这样的人，即便本领再高强，也不会受人尊敬、被人重用。因此，做人应把自己融入群体中，要学会与人合作，谦虚待人，这样才能为自己赢得好人缘。

合群，顾名思义就是能与群体融合到一块儿，对人际关系起到积极的作用。合群的人是受欢迎的。同时，合群的人也是快乐的。和谐的人际关系会给人带来愉悦感和安全感，让你的性格变得更加开朗活泼。

如果想要融入一个新的群体，首先，你要了解这个群体的价值观和整体风格，找出自己与他们的共同之处作为切入点。比如你新转到一个班级，班里的同学们最近都在谈论某一种流行的玩具，那你也可以试着接触一下这个玩具，然后加入他们的话题进行讨论。在经常的交流中与他人产生共鸣，就会拉近你与同学们的距离，使你逐步融入群体之中。

其次，做一个亲切随和的人。任何人都喜欢看到热情的人。经常对周围的人露出微笑，遇到认识的人学会主动与其打招呼，这样容易使人产生亲近感，让大家乐于靠近你，和你成为朋友。

最后，想要融入一个群体，最重要的是待人要真诚。真诚是让你得到真正友谊的保障。

## 朋友让成功的道路变得开阔

1831年，波兰作曲家肖邦在波兰起义失败后，离开故乡到法国巴黎定居。年轻的肖邦虽然才华出众，却空有大志而无施展之地。为求生计，他只得以教书为生，处境甚为落魄。

一次偶然的机会，肖邦结识了鼎鼎大名的匈牙利钢琴家李斯特。两人一见如故，大有相见恨晚之感。当时，李斯特在巴黎上流社会的文艺沙龙中已是闻名遐迩的骄子。他对虽然默默无闻但才华横溢的肖邦大为赞赏。他不想让肖邦这个人才埋没，因此总是设法帮助肖邦，伸出了他的友谊之手，希望肖邦可以赢得观众。

面对英雄无用武之地的肖邦，李斯特终于想出了一个好办法。

这一天，巴黎街头广告登出了钢琴大师李斯特举办个人演奏会的消息。剧场门口人头攒动。门票一售而空。等到演奏会开始时，紫红色的帷幕徐徐拉开。灯光下，风度翩翩的李斯特身着燕尾服朝观众致意。李斯特建议把剧场的灯全部关掉，并请观众闭上眼睛，这样可以更好地感受音乐带来的体验。灯熄灭了，剧场内一片寂静，人们屏息静气，闭上眼睛，准备享受美好的音乐。

琴声响了。咚咚的琴声时而如高山流水，时而如夜莺啼鸣；时而如诉如泣，时而如歌如舞。琴声激昂时，剧场内便响起掌声；琴声悲切时，剧场内又响起抽泣声……观众被那美妙的音乐征服了。

演奏结束，人们跳起来，兴奋地高喊："李斯特！李斯特！"可灯一亮，大家都惊呆了。观众看到舞台上坐着的根本不是李斯特，而是一位眼中闪着泪花的陌生的年轻人。人们大为惊愕！

观众明白刚才的演奏竟出自面前这位年轻人之手后，立即变惊愕为惊喜。剧场内，掌声四起，鲜花一束束地朝台上"飞去"。

李斯特用自己的方式把肖邦的音乐带到了巴黎。面对有可能成为自己竞争对手的肖邦，李斯特并没有妒贤嫉能，而是甘当伯乐，给他提供了一个可以施展才华的舞台。

一个人在帮助别人的时候，无形之中就已经付出了情感。别人在困境中得到了帮助也会铭记在心。也许一次微不足道的善行，便有可能改变一个人的命运。在成就别人的同时，付出的人也会因自己的行为而感到高兴和自豪。

爱默生说："人生最美好的事情之一，就是别人在你的帮助下获得了成功。"真正的朋友是懂得欣赏你、帮助你的人，是愿意为你无私奉献的人，是在你困难的时候能够拉你一把、让你走上成功道路的人。这样的朋友是我们生命中的一笔无形资产。相信你一定深有体会。你取得好成绩时别人的再多赞美，也抵不过你失意时朋友的一句鼓励。当处在困境中的时候，我们更能发现谁才是我们真正的朋友。

荀子曾说："力不若牛，走不若马，而牛马为用，何也？"意思是：（人的）力气不如牛大，跑起来没有马快，但牛和马却被人役使，为什么呢？荀子给出的解释是："人能群，彼不能群也。"一滴水放在阳光下，眨眼间就会蒸发，消失得无影无踪。然而，由无数滴水汇聚成的大海却能奔流不息。孤掌难鸣，独木不成林。与人合作能营造和平安宁的生存环境，永无休止的争斗只会导致毁灭。

真正优秀的孩子，既可以在学习中展示自己的才华，又可以在学习中与人合作，帮助他人，体现团队精神。没有任何一种力量能够比得上团结产生的合力。它能战胜一切困难，越过所有坎坷，使人成为主宰世界的强者。所以，孩子们千万不要忽略合作的力量。一个人只有把自己真正融入集体，才是最有力量的。

## 多与优秀的人交朋友 ●

雨轩是一个爱上网的孩子。他已经九年级了，每天放学之后还是先打开电脑上网。爸妈担心这样下去会影响他中考，于是试探性地问他："雨轩，你最近是不是经常上网呀？"

雨轩边吃水果，边跟爸妈在客厅里聊天。"是呀。"他坦然地回答。

妈妈首先皱眉头了，问："你每天花大量时间上网，哪有时间复习功课呀？马上就中考了。中考之后择校都是要看成绩的。你不好好学习，以后怎么办呀？"妈妈一向重视儿子的学习问题，看见雨轩这么淡定地回答自己的问题，真的开始着急了。

爸爸还好些，不那么着急。他问雨轩，"你在网上都干什么呀？"

"认识了好多朋友，我们很聊得来。"雨轩回答道。

"朋友？网上的人多不可信！"妈妈气呼呼地站起来，准备发飙。

"他们人很好的。"雨轩还是不急不慢地说。

"什么朋友呀，能跟我们简单说说吗？"为了防止家庭战争的爆发，爸爸连忙从中斡旋。

　　"真的不像你们想象的那样。他们都是一些大学生。我们是在申雪和赵宏博的博客里认识的。我们都是喜欢申雪和赵宏博这对世界冠军的人。这些大学生跟我聊天，还让我好好准备考试，别在网上耗费太多时间。有个姐姐还给我讲学习方法呢！我遇见了难题，他们都会帮我解答，比学校的老师讲解得都详细呢！"雨轩仔细地解释着。

　　"还有吗？"妈妈也来了兴趣，刚才的怒火已经熄灭了。

　　"还有就是他们在自己的生活里都是很优秀的人。有的给我讲文学方面的知识；有的能帮我解答关于科学知识方面的疑惑；还有的在我跟你们闹了矛盾之后教育我要理解父母。我跟着他们学到了很多有益的东西。"雨轩说道。

　　雨轩的话让爸爸妈妈放心了。结交优秀的人，让孩子受益匪浅。

　　古人说："近朱者赤，近墨者黑。"多与优秀的人、成功的人交往，你不仅能在做事、做人方面获得收益，而且在人生的关键路口也会赢取助力。

　　古人说到立志、立身时无不谈到择友。朋友间相互影响的作用是无形而巨大的。多与优秀的人交往，不仅对自己的心智有益，也会使生活充满乐趣。多与优秀的人交往可以帮助你快速地学到一些方法和经验，从而有利于你快速地成长。当然，事情的另一面是，要想与优秀的人在交往中产生精神的共鸣，撞击出心灵的火花，必须有良好的个人修养作为基础，这就要求自身时时修炼、时时完善。

你和什么样的人在一起，5年以后就会成为什么样的人。要想成功，就要和成功的人在一起。我们可以参考美国知名演说家博恩·崔西的建议：

"你的目标应该是能够'与鹰共翱翔'。你的目标应该是要和你目前所知道的最好的人为伍。

"你要和优秀的人在一起，同时要远离那些自暴自弃、没出息的人。由于诸多无法掌控的因素，你身旁约有80%的人都是不甚积极、没有雄心壮志、没有目标、不太成功的人。他们在生活中并没有很大的成就。他们每天都在浪费时间，并且一逮到机会就抱怨个没完。假如你和这种人在一起，你就会变得像他们一样。

"你一定要谨慎地选择那些你愿意花时间交往的朋友。因为他们对你的思想、人格，以及发生在你身上的任何事情都可能会有影响。

"你的目标就是要成为别人乐意为伍的人。当你变成一个更积极且有魅力的人物时，你将发现自己会吸引其他积极且有魅力的人与你为友。"

在与优秀的人交往的过程中，应注意以下方面：

（1）应保持谦逊、谨慎。自大、骄傲会适得其反。

（2）应多向优秀的人请教、询问，用他们的智慧和经验来促进自己的成长。

（3）应自尊自爱，不恭维奉承。

（4）应多了解优秀的人的事迹、成就，与他们顺利交往的可能性才更大。

在很多时候，选择对了一个同行的伙伴，自己往往也能走得更远。因此，试着与优秀的人为伍，你一定能够收获更多。

## 善于倾听收益多

窦鹏在小组讨论里很少发言，他的笔总是不停地在自己黑色的本子上记录着什么。在同学们争论得不可开交的时候，他总是在急速地书写。所以大家都叫他"记录员"。他对这个称号也不抵触。

小组讨论结束之后，还要派代表在讲台上宣读小组讨论的内容和主要观点，并回答其他组同学的提问。这是一项艰巨的任务。刚才大家光顾着面红耳赤地争论了，等讨论结束的时候才发现，他们一直在努力推翻别人的论点，而忘记了要记录下别人的观点。

很快就要轮到窦鹏的小组发言了。大家你一言我一语地商量让谁去讲台上发言。有人提议让发言最多的姜同学去。可是姜同学除了坚持自己的观点以外早忘记了别人说的是什么了。更别提让他评论别人的观点了。小组里其他人的基本情况也都差不多。他们都忘记了别人说了什么。

这个时候，窦鹏小声地说："那我来吧。"其他小组成员都像看到了救星，一致同意让窦鹏上台发言。

窦鹏拿着那个黑色的笔记本上台去了。虽然大家觉得避免了无人上台的尴尬，但还是有点幸灾乐祸。因为他们觉得小组里实力最差的就是不爱说话的窦鹏了。他们不太相信窦鹏能说出什么惊人的观点和论述来。

窦鹏开始陈述小组里讨论到的几个主要观点，并且对每个观点都做了自己的评价。窦鹏的评价都很中肯到位。同学们在台下频频点头。最后窦鹏还总结了自己小组的观点。他没有像别的小组那样，把大家讨论出来的观点罗列在一起，而是找出了那些看似散乱的讨论话题的内在联系，以及他们讨论的中心问题。

小组成员们这才开始对这个沉默的男生刮目相看。他们发现原来多听比多说更有用。

知道人为什么长了一张嘴巴却有两只耳朵吗？那是在告诉人们：要多听听别人在说什么。可孩子们常常忽略这一点。他们习惯了让对方听自己的滔滔言论，而没有学会倾听。

愿意倾听别人，就表示自己愿意接纳、承认和重视别人。如果你能面带微笑，用一种专注的目光看着他，那会让他感觉你是欣赏他的。在这种氛围里，对方会充分地展现自己。

善于倾听的人总是善于理解和沟通的。当一个为成功而喜悦的人面对一个微笑着倾听的朋友时，他会感到这个朋友是理解他的，也是为他而高兴的。当一个因失恋而愁眉苦脸的人面对一个表情凝重而专注倾听的朋友时，他会感到这个朋友能理解自己的痛苦。即使朋友没能提出如何重获爱情的好建议，他也会觉得自己得到了一点心理安慰。

善于倾听的人肯定是其他人成功或失败时首先寻找的对象。他们有话会对你说，有苦会向你诉。他们毫无顾忌地向你敞开心扉。很多人都认为，要想表现自己，就要主动出击去与别人竞争，在竞争中获胜最能证明自己的能力。其实表现自己的方法还有很多，其中一个就是学会倾听。

因为倾听，你能够很好地发现自身可能存在的问题和缺陷，有利于自己及时改正；因为倾听，对方能够看到你的真诚，也会对你更加信任。

如果想要更好地表现自己，那就不妨静下心来仔细聆听，这样你一定会有意想不到的收获。

## 学会赞美他人 ●

小飞刚从一所农村中学转来，对新学校的环境适应得不太好。他跟不上新学校的学习进度，因为学习的压力而感到自卑。他觉得自己是一个农村孩子，样样都不如城市孩子优秀。他很少和同学们打交道，每天就是坐在自己的座位上发愁。

李彬是一个活泼的男生，平日里喜欢和大家说笑打闹。李彬去办公室交作业的时候发现了大家的字帖。最上边的是小飞的。

他的钢笔字刚劲有力，真的很漂亮。不像自己的字，歪七扭八，好像都喝醉酒了一样。

李彬兴冲冲地跑到小飞面前说："小飞，你的钢笔字真漂亮。我去交语文作业的时候看见你的字帖了。真好看！"小飞腼腆地笑了。

被李彬这么一夸，小飞也觉得自己的钢笔字挺好看的。他开始有了点信心，毕竟自己也不是一无是处的。

小飞很快和李彬成了好朋友。因为他觉得李彬人很好，能发现他的优点，还经常和他聊天。李彬发现，虽然小飞成绩不好，但他还是很刻苦地学习，抓住任何机会学新东西。而且小飞也不怕不好意思，遇见不懂的就问，问老师，问同学。小飞每次都很认真，也很谦虚。受到表扬的时候，他就会腼腆地笑。

小飞在日记里写下，是李彬的赞美点燃了他对新生活的向往，也点亮了他的希望。从李彬那里，他开始得到认同，他开始学着融入班集体。虽然他没有当面感谢李彬，但是在他心里李彬真的是他很重要的好朋友。

孩子们，当你得到父母、老师、朋友的一句赞美或表扬时，心里一定非常舒适、欣慰，浑身积聚了许多力量吧！

有人说："良言一句三冬暖，恶语伤人六月寒。"我们要学会适时地给他人一句赞美。因为赞美的力量是无穷的。

赞美就像浇在玫瑰上的水。赞美别人并不费力，只要几秒钟，便能满足人们内心的强烈需求。看看我们所遇到的每个人，找到他们值得赞美的地方，然后加以赞美，并把赞美他人变成一种习惯吧！

每个人都喜欢听赞美的话，被赞美时心情会自然地轻松起来。赞美的话如果说得好，会有利于双方的下一步交流。可如果说得不好，则会适得其反。

赞美与令人反感的拍马屁，往往只有一步之遥。赞美要恰到好处，不要让赞美被人当作拍马屁。

我们在赞美他人时，要注意以下几点：

1. 真诚

对别人的赞美要真诚。真诚离不开真实。要恰如其分地赞美对方，必须符合事实。如果要赞美一些细微的地方的话，更加需要对对方的工作、生活经历做一个大致的了解，以便准确地赞美别人没料到你会提及的细小之处。这样往往能收到"润物细无声"的效果。

2. 得体

赞美他人时，一般双方都是面对面的。所以内容上要具体，对象上要分明，用词上要得当。

同样，注意观察对方的状态也是很重要的一点。如果对方恰逢情绪特别低落，或者有其他不顺心的事情，过分地赞美往往会让对方觉得不真实。所以，一定要注重对方的感受。

3. 不可过分夸张

赞美需要修饰。然而过分夸张的赞美就会变成阿谀奉承，让人感觉不到真诚，只留下虚浮和矫揉造作。

4. 少说陈词滥调

一些人的赞美言辞中充满了陈词滥调，如久仰大名、百闻不如一见等。一些人在社交场合赞美别人时，只会鹦鹉学舌，说别人说过的话。赞美时要少说陈词滥调，要有新意，才能给人留下深刻的印象。

5. 在背后赞美

有时你当面称赞一个人，他极可能认为那是应酬话、恭维话。而当你在背后说人好话时，被称赞的人得知后会认为那是认真的赞美，毫不虚伪，于是会真诚接受，并对你感激不尽。

6. 不可冲撞别人的忌讳

几乎每个人都有自己的忌讳。每个国家和民族也都有自己的忌讳。赞美别人千万不可触及对方的忌讳，否则极易造成交际的失败，引起他人的反感。

赞美别人是一种境界、一种涵养、一种素质；赞美别人是对别人的一种肯定、一种理解、一种尊重；赞美别人是一种给予、一种沟通、一种祝福。

经常真诚地称赞他人的人，也一定经常得到他人的称赞。如果你想成为一个受欢迎的人，那就不要吝啬自己的称赞，通过自己的真心，收获对方的真诚。

## 做个幽默的孩子 •

接待美国学生交流团的任务结束了。浩南同学作为学生代表，也长舒了一口气。由于这次是两个学校学生之间的联谊，因此两个学校为了锻炼学生的社交能力，决定学生的工作都交由他们各自负责。这其中包括联系外界，以及各项活动安排都由学生自己完成。老师除了必要的协助外，基本不插手此项任务。

英语水平较好的浩南接到的是接待任务。作为队长的他，以及 10 个英语口语较好的队员，将负责美国学生的接待，以及美国学生来了之后各项活动的陪同。虽然浩南英语水平高，但是这么正式接待外国学生还是第一次。到目前为止，他还从来没有和外国人说过话。

这是一次很好的锻炼机会。当然，他们也面临着巨大的挑战。他们 11 个人开了个小会。会议决定，为了展现中国学生的风采，他们将全力以赴地做好接待工作。

美国学生来了。浩南带着大家去迎接，并且安排 30 个美国学生的住宿。对方的负责人也是一个学生代表。为了来中国，他还专门学了几句汉语。和浩南他们见面后听到了浩南流利的英语，他松了口气，也开始用英语进行交流。队员们虽然语言基本过关，但还是有些拘谨，不好意思和那些美国学生打招呼。那些美国学生倒是很热情。可是队员们还是处于人家问一句，他们回答一句的紧张状态。

浩南为了鼓励大家，带头给美国学生讲起了自己在准备这次接待活动中的一些趣事，逗得那些美国学生哈哈大笑。双方之间的气氛一下子变得轻松了许多。

那些美国学生也放松了下来。两拨人聊起了各自的学习和生活。在浩南的带动下，其他同学也和那些美国学生打成一片。一群不同肤色、不同面孔的孩子们一下子就熟悉起来，很快成了朋友。

后来有个美国学生还写信给浩南，说他是一个幽默的人，和他们听说的中国学生都很拘谨的印象一点也不一样，跟他聊天轻松又有趣。

在社会生活中，幽默是无处不在的。幽默是语言的润滑剂。如果你善于灵活运用幽默，那么它将为你的生活带来无穷的乐趣。

幽默是人际交往中的磁石，可以将你周围的人吸引到你身边来；幽默也是转换器，可以将痛苦转化为欢乐，将烦闷转化为欢畅。每个人都喜欢与机智幽默的人做朋友，而不喜欢与忧郁沉闷、呆板木讷的人交往。

幽默可以缓解冲突。在人际交往中，磕磕碰碰在所难免。遇到棘手的问题或尴尬的场面，恰当地运用幽默，能产生神奇的效果。

我们在运用幽默时应注意以下几个问题：

（1）要注意场合。在不适当的场合展示所谓的幽默，会造成不良的影响，甚至是严重后果。

（2）要区别对象。就像音乐是给懂得欣赏音乐的人听的，绘画是给懂得品味绘画的人看的一样，找错了对象的幽默难免会造成双方的尴尬。

（3）与残疾人开玩笑要注意避讳。拿他人的缺陷、不足开玩笑，会伤害对方。

（4）内容要健康，格调应高雅。

（5）态度要友善。冷嘲热讽地开玩笑，别人会产生反感。

（6）和异性、不同辈分的人开玩笑要适当，"荤段子"不可说。

（7）不可板着脸开玩笑。

（8）不要以为捉弄他人也是分寸。别人会误以为你是恶意的而与你疏远。

（9）不可总大大咧咧地开玩笑，否则会让人觉得你不够成熟、踏实、稳重。

正如拉布所说，"幽默是生活波涛中的救生圈。"幽默能够营造一个轻松、诙谐的谈话和交往氛围，能让人在紧张的环境中得以放松，能愉悦人的心情，也能够抚平生活中出现的褶皱。既然幽默有这么多的好处，我们何不学着成为一个能带给身边人快乐的幽默大师呢？

## 说话要顾及他人的颜面 ●

下午最后一场考试后，高考就结束了。高三（7）班的同学在考试后还要开一个告别班会。开完班会后，同学们就要各奔东西了，升入不同的大学继续学习或者是走上社会参加工作。

在班会上大家依依惜别。整个班会被淡淡的离愁别绪笼罩着。老师在班会上讲了大家在 3 年中成长的点点滴滴，并对大家的未来寄予厚望。大家都敞开心扉，说着各自的心里话。

有的同学在学习和生活中产生过矛盾，甚至曾经恶语相向。现在离别在即，突然发现彼此又那么不舍。大家在一起回忆一同经历过的欢乐与痛苦。

班会越往后进行，就越悲伤。以前大家都只知道忙于学习。最后聚在一起才发现其实大家有那么多共同的话题可以聊。大家越聊越是舍不得离开。

班会接近尾声时，班长站出来和大家道别。班长的一席话让班里的很多同学眼睛里泪光闪闪。李忠磊也差点哭出来。班长是他的好朋友。平时班长很木讷，没想到今天表现得这么好。"最后，大家一起唱周华健的《朋友》。不管在哪里，我们永远都是好朋友！"班长激动地说。

大家的情绪都被带动起来了。又听班长说道："我领唱，大家一起来！"班里同学全体站起来了。

班长唱道："朋友啊朋友，你可曾……"这时班里出现了轻微的骚动，但很快就恢复平静了。很显然大家都意识到班长唱的是另外一个歌手的歌。

看着大家都默不作声，李忠磊想："班长可是我的朋友啊，不提醒他唱错了，他多丢人啊。"于是他大声地喊道："唱错了！

这不是周华健的歌！"

班里开始出现更大的骚动。大家都用责怪的眼光看着李忠磊。班长的脸越来越红。他站在那里手足无措。空气似乎一下子凝结了。

后来还是老师打了圆场。歌还是唱了，但是完全没有了之前的那种气氛，总觉得挺尴尬的。一直到离校，班长都没有再说一句话，也没有和好朋友李忠磊单独告别。

李忠磊开始后悔了。他后悔自己不应该直接指出班长的错误，没有给班长留面子，使得整个班会没有画上一个圆满的句号，也使得他们的友情蒙上了阴影。

一位名人曾教育自己的孩子说："你给别人一个面子，就可能会增加一个朋友；你驳别人一个面子，就可能会失去一个朋友。"

面子是一种自尊心的满足。人们对于伤害自己面子的人有一种本能的敌意，对于维护自己面子的人有一种本能的好感。

人都有失误之时。你及时地给他一个台阶，皆大欢喜，他也必定对你心存感激。相反，如果你让对方下不了台，那么他也许会恨你一辈子。

古人云："和为贵。"人与人之间，没有必要为了不起眼的小事伤了彼此的和气。

在生活中，我们怎样才能做到给别人面子呢？

（1）在关键时刻和重要场合给朋友捧场。

（2）遇到要分输赢的场合手下留情，不必赢得太多，"得饶人处且饶人"。

（3）讲究批评人的方式，给人留住面子。永远不要在公共场合或当着第三者的面批评别人。同时在批评的时候，最好肯定一下别人的优点和长处。

（4）不揭人之短，不笑人之丑。

## 仅有热情无法成为交际高手 ●

姚勇性格很外向，特别爱说话，和谁都有聊不完的话，见了陌生人都会主动打招呼。可是，爱说话的姚勇的人缘并不怎么好。

姚勇见了谁都笑盈盈地打招呼，然后"话匣子"一打开就收不住了。每当这时，熟悉他的人都会赶紧打断他，找事情开溜。

姚勇说话的速度很快。他和人说话也不是交流，只是自顾自地一个人说。别人都只能是他的听众。而他的话一般也没有什么实际内容。和他说话总让人感觉很乏味。

他还是一个"万事通"。不论别人说什么话题他总能成功地接上话，貌似什么都懂。等别人认真地听他说时，他又什么都说不明白。这时，别人就会觉得和他说话是在浪费时间。

他是一个"热心"的人，总是大包大揽地应承事情，应承之后就又抛到了脑后。因此大家都不太把他说的话当真。

而且他的好奇心特别重，总爱打探一些小道消息：如班里小A是不是和小B在谈恋爱，小C是不是某个老师的亲戚等。

爱说话还要会说话。很多时候，姚勇的热情都用错了地方。

与人交谈也是要讲究技巧的，过于沉默或者过于话多都会引起交谈者的不快。不过，交际并没有想象中的那么困难。遵循以下原则，你与交际高手的距离就很近了。

（1）不要出言不善，不讲信用。在交往中，承诺的事情一定要办到。自己没有把握的事情，即使碍于面子不宜马上拒绝，也要委婉地表明办不到的可能性。

约定见面，一定要准时赴约。同时，初访时交谈不可过久。现在大家都很忙，办完事情，尽快告辞。

（2）不要打听自己不应该知道的事情。在交谈中，不可多嘴多舌，贸然打听别人的秘密或对方难以启齿的事情，使对方受窘；也不可有意无意地揭穿他人的秘密。

（3）不要自以为"万事通"。对不知道的事不说。对别人不了解的也不要牵强附会、东拉西扯，让对方反感。

（4）不要花言巧语，虚伪客套。在交往中，态度要诚恳，实事求是，讲心里话，不用虚伪的客套话骗人。当然，讲话也要注意分寸。

（5）不要分等级待人。对来客一视同仁，不卑不亢。不论对方地位高低、资历深浅、条件优劣，自己都要热情谦虚，既不巴结讨好，也不傲慢自居。

（6）不要过分打扮。与人交往时，衣着要与身份相符，整洁大方。当然，也要考虑被交往方的生活习惯。如过分打扮，难免使对方产生误解或给人一种浮华轻薄、华而不实的感觉。

（7）不要论人之是非、发泄牢骚。在交往中，不要议论第三者，不要攻击他人短处，不要对他人发泄不满情绪。不然，对方会误以为你有"含沙影射"之意。

（8）不要误解对方。对别人谈论的事要正确理解。

（9）言谈举止要有礼。与人交往时，语言要文明，举止要礼貌，说话要有条理、言简意赅。别人谈话时，要虚心倾听，不打断对方谈话。不做让人心烦意乱的动作，如搔首、抓腮、挖耳、抠鼻、剪指甲、跷二郎腿等。更不要随便翻阅别人的东西。

（10）千万不要显示自己有恩于人。在交往中，不要多谈自己的好处，不要认为自己足够对得起别人、别人太对不起自己。应该常提受人恩德的事，使对方心中也感到舒服。

## 如何实现良好的沟通效果 ●

志平看起来很孤单。他在家里没有兄弟姐妹，在学校也没有什么朋友，几乎不与人交流沟通。他每天就奔走在学校和家两点一线间，生活枯燥乏味。

父母开始担心志平不会与人沟通，会对今后的学习和生活造成不好的影响。

通过观察，父母发现，志平与人说话的时候总爱若有所思地看向远方，显得心不在焉，说话也没有底气，总感觉蔫蔫的。

可能是因为学习压力大，志平和人聊天的时候，总爱抱怨。

他不是说功课太多、习题太难，就是说食堂的饭菜有多么难以下咽。刚开始，和他说话的人还能敷衍两句，到后来别人都不愿意听了，志平还在像祥林嫂似的重复着那些单调的话。

"为什么没有人听我说话？为什么没有人理解我呢？"困惑了很久后，他向妈妈问道。

妈妈说："与人沟通是需要技巧的。你在与人说话交流的时候运用过技巧吗？"

"技巧？平常的沟通还需要什么技巧，我又不是做演讲。"志平嘀咕道。

"你好好想想，当别人和你说话的时候，你有没有看着别人的眼睛认真地听？你和说话人之间有眼神的交流吗？你让他感觉到你在认真地听了吗？"妈妈一连串的问题让志平有点招架不住了。

"另外，与别人说话的时候还要注意语气、声音等。你平时和别人说话的时候，声音总是很小，哼哼唧唧的。一个男子汉怎么可以这样呢？"顿了一下后，妈妈继续说，"而且你总是和别人诉说自己的烦恼等消极的事情。没有人总愿意听这些的。你要多看些书扩大知识面，这样你就会有很多话题和别人聊了。"

"你以后与人交流的时候要注意认真倾听，不要滔滔不绝。还有就是要心胸开阔，谈一些彼此都喜欢的积极有意义的事情。找到共同话题，才能愉快地交流。"妈妈建议道。

与人沟通确实需要一些技巧。志平觉得应该按照妈妈的建议试试。

在生活中，孩子不善于和家人、朋友、同学沟通，为人际关系和学业发展造成了诸多障碍。所谓沟通，不仅是以言语，还可以经由动作、姿势、眼神等方式进行。

沟通有三大要素，即文字、声音和肢体动作。完美的沟通需要这三个要素的有效搭配。

沟通良好，意味着经由言语或非言语的方式，明确表达你的意思。更重要的是，沟通良好还表示你了解对方想要表达的意思。

要拥有良好的沟通效果，我们最好遵循以下几个原则：

（1）多谈对方感兴趣的话题。

（2）多谈对方熟悉的事情。

（3）多谈对对方有利的事情。

（4）多用赞美的语言。

（5）多听少说。

（6）多问少说。

（7）多谈轻松的话题。

孩子们，如果你们感到自己在沟通中处于被动的地位，不妨问自己以下几个问题：

（1）对哪些情境的沟通感到愉快？

（2）对哪些情境的沟通感到有心理压力？

（3）最喜欢与谁沟通？

（4）最不喜欢与谁沟通？

（5）是否经常与多数人保持愉快的沟通？

（6）是否经常感到自己的意思没有说清楚？

（7）是否经常误解别人，事后才发觉自己错了？

（8）是否与朋友保持经常性联系？

（9）是否经常懒得给人写信或打电话？

通过这样的问题，你一定能够发现自己在哪些方面存在不足，从而确定在哪些方面需要改进。比如沟通范围狭窄，则需要扩大沟通范围；忽略了与友人的联系，则需要经常给他们写信、打电话；沟通主动性不够，则需要积极主动地与他人沟通；等等。你可以把这些制订成一个循序渐进的沟通计划，然后把自己的计划付诸行动。比如你觉得自己的沟通范围狭窄、主动性不够，就可以规定自己每周与2个以前并无深交的同学打招呼。

另外，我们还应懂得弱化自己，强化别人。

聪明的人总是先让别人感觉到重要，并最终以此赢得尊重。

《福布斯》杂志上曾登过一篇名为《良好人际关系的一剂药方》的文章，其中有几点很值得大家借鉴：

交谈中最重要的5个字是："我以你为荣！"

交谈中最重要的4个字是："您怎么看？"

交谈中最重要的3个字是："麻烦您。"

交谈中最重要的2个字是："谢谢。"

交谈中最重要的1个字是："你。"

那么，交谈中最不重要的一个字是什么呢？是"我"。

学会弱化自己，强化别人吧！这样不久之后你就会发现，喜欢你和帮助你的人会越来越多。

## 站在对方的角度看问题 ●

我们没有必要把自己的想法强加给别人，应该学会站在他人的角度思考问题。我们要学会用以心换心的方式与人交往，即使是面对自己的亲人也要站在对方的角度去感受。

一位母亲在放假的时候带着 5 岁的儿子去买礼物。大街上充满了节日的氛围，橱窗里装饰着彩灯，商店里五光十色的玩具琳琅满目。

"一个 5 岁的男孩将以多么兴奋的目光观赏这绚丽的世界啊！"母亲毫不怀疑地想。然而她没有想到，儿子呜呜地哭出声来。"怎么了，宝贝？""我，我的鞋带开了……"母亲不得不在人行道上蹲下身来，为儿子系好鞋带。母亲无意中抬起头来，啊，怎么什么都没有？没有绚丽的彩灯，没有迷人的橱窗，没有五光十色的玩具……原来那些东西都太高了，孩子什么也看不见！这是这位母亲第一次从 5 岁儿子视线的高度看到这个世界。她感到非常震惊，立即起身把儿子抱了起来。

从此，这位母亲牢记，再也不要把自己认为的"快乐"强加给儿子。"站在孩子的角度看问题"，这位母亲通过自己的亲身体会认识到了这一点。

孩子能看到的东西，母亲不一定能看到，而母亲能看到的东西，孩子也不一定能看到。如果母亲放低身子或让孩子抬高角度，那么彼此肯定就会有不一样的感受。在与人交往的过程中也要站在对方的角度看问题，如果把角色"互换"一下，就有可能轻松地打破僵局。

斯特准备招待几个朋友。当他拉开汽车车门时，由于用力过猛，车门坏了。他哭了起来。这时，他的朋友正好赶来，便上前劝他。

第一个朋友说："唉，车门又值不了多少钱，再去买一扇不就行了！何必哭得如此伤心呢？"

第二个朋友说："我建议你到法院去，控告制造这辆汽车的厂商，请求赔偿。"

第三个朋友说："你能够弄坏这扇车门，证明你的臂力很强。我连羡慕都还来不及呢！你又有什么好哭的啊？"

第四个朋友说："不用担心。大家一起来研究一下，一定有办法可以将车门修好。"

"你们所说的这些，都没有抓住重点。我伤心的原因是，我明天要花费几小时才可以修好车。这样我就不能带大家一起出去兜风了。"斯特答道。

每个人都有自己既定的习惯和立场，因而容易忘却他人的想法。那么，换位思考到底是什么呢？其实就是从对方的立场来看事情，以别人的心境来思考问题。换位思考不但需要转换自己的思维模式，还需要一点好奇心来探求他人的内心世界。

　　美国销售大师乔·吉拉德说："当你认为别人的感受和你自己的一样重要时，才会出现融洽的气氛。"我们需要多站在他人的角度考虑问题。如果对方觉得自己受到重视和赞赏，就会报以合作的态度。但如果我们只强调自己的感受，别人就不会与你交往。

# 第五章

## 我能带领大家达成目标

请安静，听我的、

## 领导者的姿态 •

星期一的早晨，王工像往常一样去工厂上班。他一走进工厂的大门，就发现有一位花白头发的人在院子里忙活着。只见这个人把路两旁乱停乱放的自行车移到一块空地上，把倾斜的广告牌扶正……回头一看，路两旁整齐多了。

王工在单位里从来没有见过这个人。他疑惑地问值班室的李师傅。李师傅却摇摇头，说："我也不认识，他是刘厂长带来的。"

王工一拍脑袋，笑了："哦！我知道他是谁了！"

李师傅奇怪地问："他是谁啊？"

王工认真地说："他是新来的领导，搞管理的。"

李师傅明白了："怪不得我见他们两个人在这儿指指点点。交代完后刘厂长就出差走了。原来他是新来的领导。"

"来得正好！"王工说，"刘厂长天天在外忙产品的销路。厂里的管理一直没有人来抓。我不知和他说过多少次，别看咱们是一个小厂，可五脏俱全，不请个专人来抓企业的管理，怕是很多事情都做不周全。这不，千呼万唤始出来，新的领导终于来了！一看他做事的劲头，就知道是一个懂管理的人。"

于是，大家都知道厂里来了个抓管理的新领导，开始观察新领导的举动。大家很快就发现，新领导一天都说不了几句话，见人不笑也不言语，只知道埋头干活。大家都说，这是一个实干型的领导，无论他走到哪里，只要看到不顺眼的事他就会亲自去做。

新领导看到车间后门口有一汪水。工人们都是用砖头垫着过来过去。他二话没说，亲自拖来了很多煤渣铺平了那低洼处。很多人见了都不好意思，都称赞这个领导以身作则。在新领导实际行动的感染下，工厂的面貌大变。大家纷纷议论，说这个新来的领导就是有水平。

不久，刘厂长出差回来了。他一进厂门，见厂子里面貌大变，便频频点头，十分高兴。王工见刘厂长高兴，脱口就说："刘厂长，还是那个新来的领导管理得好呀！"

"新来的领导？"刘厂长一愣，"哪里来的领导？"

王工马上补充说："就是你出差那天带来的那个人。"

"哦！是他呀？"刘厂长大吃一惊，刚想说什么，可张开的嘴马上又闭上了。

见刘厂长的脸色，王工立刻意识到什么，小声问："刘厂长，这人难道不是领导？"

刘厂长把王工拉到一边，悄悄地说："他是我的一个亲戚，下岗了。我请他来做清洁工的。"

看着目瞪口呆的王工，刘厂长顿悟："现在我明白了，像咱们这样的厂子，缺的正是这样的领导啊！假如厂子里每个人都像他这样认真地去做好每一件事，那咱们厂就大有希望啊！"

## 先领导好你自己 ●

美国西点军校的学生都是预备军官，因此学生之间的等级非常分明。一年级新生，在学校里地位最低，平时基本上是学长们的杂役和跑腿儿。不过，这也没什么好抱怨的，一年级结束后这些新生就可以做学长。

在"陆军海军文化交流周"，学员中流行一项名为"幽灵行动"的活动，为一年级新生提供了一个向学长发泄不满的途径。所谓"幽灵行动"，其实就是学生团体之间以幽灵为名义，搞恶作剧捉弄对方的活动。比如，在操练的时候，一年级新生把当指挥官的学长强行抬走。

在"陆军海军文化交流周"，西点军校和海军学院之间即将进行的橄榄球赛，让学员们热血沸腾。就在比赛的前一天晚上，三年级的学长怀特邀请一年级的新生大卫跟他共同完成一个"幽灵行动"。能被高年级学生邀请，大卫觉得很荣幸，立刻答应下来。晚上11点半，大卫在宵禁之后溜出寝室。怀特和他的同伴正等在走廊里。他们的行动目标是一个来访的海军学院的学员。大家要把他的宿舍搞得一团糟。大卫心里有些犹豫："这样是不是太过分了？"然而怀特和其他学长都说："别担心，我们领头。出了事也跟你没关系。"

大家悄悄潜入海军学院学员的宿舍楼，按事先安排的位置站好。怀特用唇语数道："一……二……三！"说时迟，那时快，大卫和一个二年级学员猛地推开房门，冲到床头，把两大桶大约20升冰冷的汽水浇到那位熟睡的学员身上，然后迅速跑出门外。同时另外两个人向房间里投掷了数枚"炸弹"（扎破的剃须水罐）。顿时到处都是白色的泡沫。最后怀特把散发臭气的酸牛奶泼进屋里。任务圆满完成了。众人麻利地跑下楼梯，在楼门口跟负责放哨的学员会合，然后分成几组撤离。

回到房间，大卫心里非常激动。他费了好大的劲儿才让自己的心平静下来。第二天是一个轻松愉快的周末。大卫打算跟同伴一起去美国新泽西州玩。然而深夜3点钟时，有人敲响了教官的房门。原来被捉弄的学员向西点军校投诉，大卫他们的酸牛奶和剃须水毁掉了他书桌上昂贵的电子仪器，床边的旅行箱也未能幸免。

在教官办公室里，怀特竭力为大卫开脱："是我命令大卫那么做的，我愿意承担一切责任。"但是教官不这么认为。他罚他们在早饭前把海军学院学员的寝室变回原样，把弄脏的衣服洗干净。这还不算，教官宣布，接下来的几个周末，他们都不能休假，而要在校园里受罚。

"这太不公平了。我只不过服从了学长的命令。他应该对我的行为负责。"大卫抱怨着。教官显然看出了他的不满。训练结束时，他盯着大卫的眼睛，一字一句地说："在西点军校，人人都是领导者。即便是一年级的新生，你也至少领导着一个人——你自己。因此，你必须为那天所做的事负责。"

直到今天，那位教官的话仍然在他耳边回荡。那是西点军校给他上的重要一课：想做一个成功的领导者，就必须先学会领导自己。这对他日后的领导生涯起到了至关重要的作用。

## 你是别人所依靠的大树 •

有个人往回看了看自己的一生，毫无作为并且贫穷至极。一天夜里，他觉得活下去实在没有任何意义。于是他来到一处悬崖边，准备以跳崖的方式结束自己的生命。

面对即将到来的死亡，他号啕大哭。他站在悬崖边回忆此生自己遭受的种种磨难，禁不住悲痛万分。

悬崖边的岩石上生长着一株低矮的树。听到此人的悲惨境遇和种种挫折经历，树不由自主地流下了同情的眼泪。

这个人发现树在落泪不止，就好奇地问："看你流泪，难道你也和我一样不幸吗？"

岩石上的树解释道："我可能是这世界上命运最苦的树了。你看看我的位置，生在这块岩石的夹缝之中，食无土壤，渴无水源，终年营养缺失。生存环境恶劣，空间的束缚使得我的身躯不得舒展成长，形貌丑陋至极。扎根的土层浅薄，轻微的风力都能使我摇摇欲坠，寒风袭来令我枝干僵冷。看似我坚强无比，其实我是生不如死呀。"

此人不禁生出同情之心，备感与树同命相怜，说："既然如此，你为何还要苟且偷生于世间？不如随我一同赴死吧，离开这个残忍的世界！"

树说："我死倒是极其容易，可是我不能死，我若死了，悬崖边再无其他树木。"此人疑惑。树接着解释说："你看，我头上有个鸟巢。此巢为两只喜鹊的家。它们一直以来在这里栖息生活，繁衍后代。假如我要是自杀，就这么一走了之，两只喜鹊不就无家可归，流离失所了吗？"

此人听了树的一番话，有所觉悟，就从悬崖边缓缓退了回去。

在这个世界上，万事万物都处于联系之中。我们不仅是一个单独的个体，也在他人的生命中充当着一定的角色，占据着或重或轻的位置。在你觉得自己丧失价值、一事无成的时候，仔细想一想，也许你对他人来讲有着重要的价值。为了这份价值，你要为自己的生命和生活负责。这也是对他人的一份责任。

生命的诞生是一种偶然，失去生命是一种必然。在生命的偶然和必然之间，其长度、宽度和深度只能由自己决定。如何才能对自己的生命负责，是每个人都应该思考的一个重大人生问题。

人生有很多责任，你要对很多人和事负责。作为家庭的成员，子女要对父母负责任，父母要对子女负责任；作为社会的成员，每个人都要对社会负责任。最根本的责任是一个人要对自己的人生负责任。

我们想想看，一个人只有一次人生。如果我们的生命结束了，没有任何人能够代替自己再活一次。如果我们的一生虚度了，没有任何人能真正安慰你，到那个时候说什么都没有用了。我们对自己人生的责任，没有任何人能替自己分担。所以，每个人都应该对自己的人生有最基本的责任心。

对自己的人生负责，实际上是一个人在世界上其他一切责任心的根源。如果一个人对自己的人生不负责，得过且过，那么这样的人怎么可能对别的事情认真呢？相反，如果你对自己的人生有强烈的责任心，那么，你对你该做什么事、不该做什么事一定会有严肃的考虑。对于你认为应该做的事情，你就一定会负起责任。

所以希望大家珍惜生命，珍惜家人，珍惜身边的人。生命不只是你自己的生命，它既属于爱你和你爱的人，同样也属于我们的社会和全人类。所以为了爱我们的人们，为了我们的社会，让我们负起这最基本的责任吧。

## 一个合格的领导，永远是组织的排头兵 •

曾有人这样说过："想当元帅先要做一个好士兵。"领导者之所以能够成为一名领导，是因为之前他一直是最优秀的。对成功人士进行的一项调查表明，每个行业的成功人士，平均在 5.7 个岗位上做出过最好的业绩。人生就是如此。只有做到了士兵中最优秀的，才可能成为将领，而只有做到了将领中最优秀的，才可能成为元帅。

从事物发展的规律来看，量变引起质变。假设做最优秀的排头兵是量变的话，那么从兵到将的变化就是质变，量变的积累必然产生质变。如果你一直甘愿做一个普通士兵，没有量变的过程，也就永远不会成为将军。

做一个团队的领导，首先就要做得比别人更优秀，付出比别人更多的努力，去争取属于自己的领导地位。一个人，当你做得足够优秀的时候，你就会成为这个团队的核心，进而成为团队的领袖人物。

培养孩子的领导意识，要让孩子从小事做起。现在的家长在教育孩子的时候，往往张口就是你要怎么怎么样。在班级要当班长，在少先队要当大队委，打球要进校队，还要当队长。当然，这样要求孩子无可厚非。毕竟，不想当元帅的士兵不是好士兵。但是，作为家长，首先要教育孩子做好基础工作。比如孩子想当班长，首先要让孩子做一个守纪律的模范，其次要让孩子取得优秀的成绩，最后要让孩子乐于帮助同学。当孩子具备了作为一个班长的各项条件时，他当班长就是水到渠成的事情。

让孩子认识到，领导来自最优秀的下属。孩子有想要当一个团队的领导的想法，家长一定要鼓励，并且要帮孩子认真分析，帮助他成功。比如孩子想要进校篮球队，还想当队长。作为家长，切忌因为担心影响孩子学习成绩而打击他。而是要帮他分析，他每天能拿出多长时间去练习篮球，他的综合技能在队里排到第几，他具备哪些可以成为队长的条件，以及他有哪些方面不足。如果孩子所有的条件都具备，你就要告诉他，只要他打球表现足够好，他就会成为球队的核心球员，等换队长的时候，他就可以去竞选队长。

让孩子认识到，想当领导就要做最优秀的自己。如果把自己变成团队里面最优秀的人，那么他就能成为这个团队的领导。这就要求家长在日常生活中培养孩子优秀的品质。要让孩子敢于吃苦，家长更要舍得让孩子吃苦。要让孩子在确定目标以后围绕做优秀的自己而不懈努力。那么，他就一定能成为一个团队的领导。

让孩子认识到，只有做一个组织的排头兵，才有可能成为一个团队的领导，进而成就自己的事业。

## 谦虚是伟大灵魂的共同品质 •

牛顿是科学史上的巨人之一。他发现了万有引力定律，建立了成为经典力学基础的牛顿运动定律。

恩格斯曾对牛顿的伟大成就赞叹不已，然而牛顿自己却非常谦逊。有一次，朋友对他说："你是我们这个时代的伟人……"他听了"伟人"二字便摇摇头说："不要这么说。我不知道世人怎样看我，可我自己认为我只是一个在海边玩耍的孩子，偶然拾到了几只闪闪发亮的贝壳，而真理的汪洋大海在我眼前还未被探明。"他还说过，"假如说我看得更远的话，那是因为我站在巨人们的肩膀上的缘故。"

同样，作为 19 世纪末瑞典杰出化学家的诺贝尔，他一生贡献极大，仍然十分谦虚。

一位瑞典出版商要出一部瑞典名人集，来找诺贝尔，希望将他收录到名人集中。诺贝尔有礼貌地回绝了。他说："我喜欢订阅这本有价值、有趣味的书，但请您不要将我收入。我不知道我是否值得获得这份荣誉，不过我确实厌恶过分华丽的辞藻。"

诺贝尔的哥哥想编一部家族史，请诺贝尔寄一份自传。诺贝尔写道："阿尔弗雷德·诺贝尔——他那可怜的生命，在呱呱坠地时，差点断送在一位仁慈的医生手里。主要的美德：保持指甲的干净，从不累及别人。主要的过错：终身不娶，脾气不佳，消化力差。仅有的一个希望：不要被人活埋。最大的罪恶：不敬财神。生平重要事：无。"

哥哥反复劝说诺贝尔，并提出代为整理。诺贝尔执意不从。他说："我不只是没有时间，最根本的原因是我不能写什么自传。在宇宙的旋涡中，有恒河沙粒那么多的星球。而无足轻重的我们，有什么值得去写？"

不管是牛顿，还是诺贝尔，他们的一生都可谓功勋卓越，但他们从不自我夸耀。

谦虚永远是人性中的闪光点，也是众多伟大人物的共同品质。

当他人称赞牛顿是伟人时，他只是淡淡地说，自己只是站在巨人们的肩膀上；当有人要为诺贝尔写自传时，他表示自己并没有什么值得写的，和整个宇宙相比我们都无足轻重。牛顿和诺贝尔都可以称得上是伟人，他们的谦虚也让后人更为钦佩。

"成功的第一个条件是真正的虚心。对自己的一切敝帚自珍的成见，只要看出同真理冲突，都愿意放弃。"著名的哲学家斯宾塞这样说过。谦虚能赢得他人的尊重。然而很多人误解了谦虚的真正含义，没有把握好谦虚的度。

要做一个谦虚的人，需要懂得以下几点：

首先，谦虚不是谦让。虽然要谦虚，但不能太谦让。谦让是一种好品格，但若太过谦让，常会与机会失之交臂。

其次，谦虚不等于过分礼貌和客气。与人交往应当注意礼貌，尤其是对刚认识的朋友。但是过分客气却像一堵无形的墙，妨碍双方的进一步交流。

最后，谦虚不等于过分自责。对交际中的失误常做检讨，以便及时纠正，这当然是好事。但过分自责无异于因噎废食，作茧自缚。因为，任何人在交际中都不可能完全没有失误，即使是德高望重的领袖人物也在所难免。当你对自己的失误自责不已时，那些在场的其他人或许早已忘了你的失误。更何况，当你改正了以往的失误，以新的形象出现在交际场合时，大家都会对你另眼相看。

## 虚心听取别人的意见 ●

卡耐基说过，敌人对我们的看法比我们自己的观点可能更接近事实。一个人要想有所成就，就必须善于接受别人的意见，尤其是一些批评意见。

堀秀政是日本古代一位大臣。有一天，一位仆人在领地的城墙附近发现有人竖立了一块木牌，上面列举着 20 多条堀秀政的政治过失。家臣们商量之后，决定把那块木牌拿给堀秀政看，并且非常愤怒地说："竖立这块木牌的人实在太可恶了，应该逮捕他并严厉处罚。"

可是当堀秀政把木牌上所写的内容一一读过以后，说："有人这样严格地指正我，实在太难得了。我应该把它当作传家之宝，好好收藏。"于是，他把木牌用一只精美的袋子包起来，然后再装进箱子里。他还召集家臣幕僚，对木牌上所列举的过失认真仔细地进行检讨。之后，堀秀政的政绩更加辉煌了。

虚心接受别人的批评，可以让一个人更健康地成长，同时也可以让他养成宽容大度的性情。相反，如果一受到批评，就好像阿 Q 被人提起头上的"癞疮疤"一样暴跳如雷，只会让我们成为一个心胸狭窄、固执己见的人。

想要成为一个虚怀若谷的人，除了要善于倾听别人的意见之外，还应当有容人之量，能够把各种比自己强的人团结在自己的周围。

林肯初入白宫时，因出身贫寒，其貌不扬而被人轻视。

斯坦东公开宣称："我不愿意与那个笨蛋为伍。"

而林肯却大度地说："我决定牺牲一部分自尊，要派斯坦东任陆军部长，因为他绝对忠于国家。"

一个谦逊的人不会嫉妒别人，也不会争强好胜。他会始终以一颗谦和的心态对待别人的批评和建议，以一种宽阔的胸怀容纳比自己强的人。

## 摒弃不合时宜的个人主义

一堆沙子是松散的，可是它和水泥、石子、水混合后，却比花岗岩还坚硬。

在《水浒传》中，梁山好汉分工明确，有总指挥，有总策划，有管后勤的，有管保养的；在作战的群体中，有打先锋的，有打主力的，有接应的，还有探路的、养马的、治病的、看管犯人的、写书的、送信的……只有所有人各司其职，才能让梁山军马威震天下。

各路好汉在上梁山之前，尽管他们都身怀绝技，但是谁也不能很好地生存下去。只有在一个统一的平台上，分工协作，才能将各自的优势发挥出来，才可能成就一番事业。

一个出色的球队，并不是靠几个球星就能支撑起来的。一个球队要想取得好成绩，除了需要一个好教练，还需要能够提供大量资金的老板，以及坚实稳定的替补球员。美国芝加哥公牛队的辉煌和没落正说明了这一点。

有一家合资企业招聘中层管理人员，12名优秀的应聘者经过初试从上百人中脱颖而出，闯进了由公司经理把关的复试。

经理看过这12个人详细的资料和初试成绩后相当满意。因为此次招聘只能录取4个人，所以经理给大家出了最后一道题。经理把这12个人随机分成甲、乙、丙3组，指定甲组的4个人调查本市婴儿用品市场，乙组的4个人调查本市妇女用品市场，丙组的4个人调查本市老年人用品市场。

经理解释说："我们录取的人是用来开发市场的。所以，你们必须对市场有敏锐的观察力。让大家调查这些行业，是想看看大家对工作的适应能力。每个小组的成员务必全力以赴！"临走的时候，经理补充道："为避免大家盲目开展调查，我已经叫秘书准备了一份相关行业的资料。你们走的时候自己到秘书那里去取！"

3天后，12个人都把自己的市场分析报告送到了经理那里。经理看完后站起身来，走向丙组的4个人，和他们一一握手，并祝贺道："恭喜4位，你们被本公司录取了！"

经理看见大家疑惑的表情，呵呵一笑，说："请大家打开我叫秘书给你们的资料，互相看看。"原来，每个人得到的资料都不一样。甲组的4个人得到的分别是本市婴儿用品市场过去、现在和将来的分析，其他两组的也类似。

经理说："丙组的 4 个人很聪明，互相借用了对方的资料，补全了自己的分析报告。而甲、乙 2 组的 8 个人却分别行事，抛开队友，各干各的。我出这样一个题目，其实最主要的目的是想看看大家的团队合作意识。甲、乙 2 组失败的原因在于，你们没有合作，忽视了队友的存在。要知道，团队合作精神才是现代企业成功的保障！"

现代社会是一个崇尚分工合作的社会。一个人的能力再强，也不能打遍天下。对于个人来讲，明智且能获得成功的捷径就是充分利用团队的力量。

微软中国研发中心的总经理张湘辉博士说："如果一个人是天才，但其团队合作精神比较差，这不是我们需要的人。中国 IT 业有很多年轻聪明的人才，但团队合作精神不够。所以每个简单的程序都能编得很好，但编大型程序就不行了。微软开发 Windows XP（视窗操作系统体验版）时由 500 名工程师奋斗了 2 年，写了 5000 万行代码。软件开发需要协调不同类型、不同性格的人员为之共同奋斗，如果缺乏领军型的人才、缺乏合作精神是难以成功的。"

随着社会的进步和发展，独行侠的时代已经结束，互助合作已经成为当代人的共识。我们要适应未来社会的发展就必须树立团队合作的意识，摒弃不合时宜的个人主义。

# 在团结中合作 ●

合作精神是时代呼唤的主旋律。一个人只有融入团队，才能把外界的力量转化为自身的力量，一个人的价值也只有在团队中才能体现得更充分。一个人如果没有协作精神，那么就很难显露出自己的优秀。

在 1984 年的美国职业篮球联赛中，美国洛杉矶湖人队曾是最被看好的球队之一。它的球员都是最优秀的。但在决赛时它输给了美国波士顿凯尔特人队。湖人队因此一蹶不振。所有的球员感到极为沮丧。在 1985 年的美国职业篮球联赛开始之前，湖人队仍没有从失败的阴影中走出来。

教练帕特·莱利为了让湖人队重振雄风，告诉球员每个人都已经很优秀了。如果他们能在相互配合上进步 1%，便会取得令人满意的好成绩，那么他们最终一定能登上冠军的宝座。1% 的进步似乎是微不足道的，可是如果 12 个球员在配合上都进步 1%，球队的整体实力很可能比以前进步 12%。经过苦练，球员的协作精神被充分地挖掘出来。在 1985 年的美国职业篮球联赛中，湖人队势不可当地夺得了冠军。

独木不成林，单人难成事。人生中处处离不开合作。一项发明，往往是许多科学家相互合作的结晶；一项技术，是许多研究员共同完成的；甚至完成一份报告，也少不了别人的帮助。只有学会合作，才能更好地实现目标；只有学会合作，才能更加快速地走向成功。不要认为与他人合作就是一种不自立的表现、一种不成熟的行为。学会合作意味着你学会了走向成功的另一种方法。

廉颇和蔺相如都是战国时期赵国的大臣。

廉颇英勇善战，曾领兵攻打齐国，立下赫赫战功，被拜为上卿。

蔺相如原来是赵国一位宦官家中的门客。有一次秦昭王派人带着国书向赵王索取价值连城的"和氏璧"。蔺相如奉命入秦，在秦王面前据理力争，终于保全了和氏璧，使之归还赵国。公元前279年，他随赵王到渑池与秦王相会，维护了赵国的尊严，使秦国没有占到便宜。由于他在强大的秦国面前表现出了大智大勇，赵王便封他为相国，职位在廉颇之上。

蔺相如地位的变化，使廉颇愤愤不平。廉颇认为自己有攻城野战之功，而蔺相如只有口舌之劳，因此他的地位应比蔺相如高。可事实却恰恰相反。因此他扬言："不愿意与蔺相如同朝为官。有朝一日见到他，非给他点颜色看看不可！"廉颇存心当众羞辱蔺相如，好摆一摆自己的老资格。蔺相如对这位廉将军却是一再忍让，不同他计较。

有一天，蔺相如带着随从外出，没想到冤家路窄，老远就看见廉颇骑着战马威风凛凛地迎面走来。蔺相如忙退到小巷里躲避。这一来，在蔺相如手下做事的人都感到没面子，认为他怯懦胆小，纷纷要求离去。

蔺相如留住大家，心平气和地对他们说："诸位看廉将军和秦王相比，究竟哪一个厉害呢？"大家说："当然是秦王厉害。"

蔺相如又说："秦王虽然强大威风，而我却敢在秦国朝廷上当面斥责他，羞辱他的大臣。我虽然无能，但是也不至于害怕廉将军吧！我想，强横的秦国之所以不敢欺负赵国，是因为他们知道赵国文有我蔺相如、武有廉颇将军。我们之间如果闹不合，两虎相斗，必有一伤。这时秦国就会乘虚而入，造成亲者痛、仇者快的情景。我之所以对廉将军一再忍让，完全是以国家的危难为重，不计较个人的恩怨啊！"

这些话传到了廉颇那里。廉颇十分感动，羞愧难当。他立刻脱下上衣，背着荆条，主动上门请蔺相如责罚自己。蔺相如一见廉将军负荆请罪，赶忙把他扶起来。于是两人言归于好，同心协力保卫赵国。在渑池之会以后的整整10年里，秦国一直不敢对赵国发动大的进攻。

人与人之间的交往，就是要在相互理解的基础上团结合作。一个人的力量是有限的，只有和大家一起合作才能成大事。

美国西点军校毕业生、西尔斯公司第三代管理者罗伯特·伍德说："再强大的士兵都无法战胜敌人的围剿，但我们联合起来就可以战胜一切困难，就像行军蚁（美洲的一种食人蚁）一样把阻挡在眼前的一切障碍消灭掉。"想要发挥团队的最大"战斗力"，就要求我们明确每个人在团队中的角色。

一个团队就像是一台机器，每个零件的作用都不一样。你是哪一个零件，起的是什么作用，自己应该清楚。只有清楚自己在整个团队中处于什么样的位置，才能明白你在这个位置上都应该做些什么。这就是角色定位和角色认知。

一滴水要想不干涸，办法之一就是融入大海。一个人要想取得大成就，选择之一就是融入团队，依靠团队的力量来提升自己。

第六章　我能更强大：

失败没什么大不了

## 自信唤醒心中的雄狮 •

乔伊是一名出色的新闻记者，曾经获得过著名的普利策新闻奖。然而正是这样一位勤奋且富有才华的人，也曾因为自己的家庭而强烈地自卑过。

乔伊在回忆自己童年的经历时说："我们家很穷。父母都靠卖苦力谋生。那时，我父亲是一名水手。他每年都要往返于大西洋各个港口之间。我一直为此感到自卑。并且认为，像我们这种地位卑微的人是不可能有什么出息的，也许一生都会像父亲所工作的船只一样，漂泊不定。"

乔伊10岁那年，父亲带他去参观凡·高的故居。在那张著名的嘎吱作响的小木床和那双龟裂的皮鞋面前，乔伊好奇地问父亲："凡·高不是世界上著名的大画家吗？他难道不是百万富翁？"父亲回答他说："凡·高的确是世界著名的画家。同时，他也是一个和我们一样的穷人，而且是一个连妻子都娶不上的穷人。"

又过了1年，父亲带着乔伊去了丹麦。在童话大师安徒生狭小简陋的故居里，乔伊又困惑地问父亲："安徒生不是生活在皇宫里吗？可是，这个房子却这样破旧。"父亲答道："安徒生是一个鞋匠的儿子，他生前就住在这破旧的房子里。皇宫只在他的童话里才会出现。"

从此，乔伊的人生观完全改变。他不再自卑，不再以为只有那些有钱、有地位的人才会出人头地。在获得普利策新闻奖那天，他说："我庆幸有一位好父亲。他让我认识了凡·高和安徒生。而这两位伟大的艺术家又告诉我，人能否成功与贫富毫无关系。"

一个人的成就与他的出身和贫富并没有太大关系。从乔伊的故事中，我们应该明白：成功并不是天才和伟人的专利。只要我们能够树立起信心，唤起自己心中的雄狮，就可以和伟人一样取得令人瞩目的成就。

很多时候，我们陷于所谓的出身和别人对我们的评论之中不能自拔。个人的贫穷困苦，别人鄙视的语气、眼神、手势……都可能打击我们的自信心，削弱我们往前迈进的勇气。面对困难，很多人都选择缩在一角，哀叹自己的无能与不幸，眼睛只看得到那些困难与挫折，没有信心去造就一个辉煌的人生。

其实，这个世界上能绑住你自己的，只有你的心。自卑感在每个人身上都或多或少地存在，但我们不应该被自卑囚禁了自己，不应该被自卑吓倒。凡·高和安徒生都出身贫寒，但他们都没有以贫穷作为不去为梦想努力的理由。他们都通过自己的努力在绘画和文学领域取得了伟大的成就。在你面对自身的缺陷或身处困境时，请不要陷入自卑的沼泽当中，不要因他人的消极评价而否定自己。我们常常会夸大自己精神痛苦的程度，感到自己处处不如别人，事事不顺心。而事实上，你远没有你所想象的那么差劲。

任何人都不可能完美无缺。我们只有摆脱自卑情绪，从内心接受自己、欣赏自己，无所畏惧地去追求自己想要的东西，坦然地展示真实的自己，才能拥有成功快乐的人生。

## 坚持改变梦想的高度 ●

1864 年 9 月 3 日，在瑞典斯德哥尔摩市郊突然爆发出一声巨响。滚滚的浓烟霎时冲上天空，一股股火焰直往上蹿。一场灾难发生了。当人们赶到现场时，只见原来屹立在这里的实验室只剩下残垣断壁。火场旁边，站着一位 30 多岁的年轻人。这样的刺激场面，已使他面无人色，浑身颤抖……

诺贝尔眼睁睁地看着自己所创建的硝化甘油实验室化为了灰烬。人们从瓦砾中找出了 5 具尸体。死者中 4 人是他的亲密助手，另一人是他在大学读书的小弟弟。5 具烧得焦烂的尸体令人惨不忍睹。诺贝尔的母亲得知小儿子惨死的噩耗，悲痛欲绝；年迈的父亲更是因大受刺激而引起脑溢血，从此半身瘫痪。然而，诺贝尔在如此重创面前却没有动摇。

事发之后，警察局立即封锁了爆炸现场，并严禁诺贝尔重建自己的工厂。人们更是像躲避瘟神一样躲着他，再也没有人愿意出租土地让他进行如此危险的实验。困境并没有使诺贝尔退缩，几天后，人们发现在远离市区的马拉伦湖上出现了一只巨大的平底驳船。驳船上没装什么货物，取而代之的是各种设备。一个年轻人正全神贯注地在驳船上做着实验。他就是在爆炸后被当地居民赶走的诺贝尔。

无畏的勇气往往会令死神也望而止步。尽管实验危险重重，诺贝尔依然坚持着自己的梦想。终于功夫不负有心人，他发明出了雷管。这是爆炸学上的一项重大突破。随着当时许多欧洲国家工业化进程的加快，人们又开始逐渐亲近诺贝尔了。此时的他把实验室从船上搬迁到斯德哥尔摩附近，从此正式建立了硝化甘油工厂。紧接着，他又在德国的汉堡等地建立了炸药公司。一时间，诺贝尔的炸药成了抢手货。

然而，不幸的消息接连不断地传来。在旧金山，运载炸药的火车发生爆炸，火车被炸得七零八落；在巴拿马，一艘满载着硝化甘油的轮船在大西洋的航行途中，因颠簸引起爆炸，葬身大海；在德国，一家著名工厂因搬运硝化甘油时发生碰撞而爆炸，整个工厂和附近的民房变成了一片废墟……

一连串骇人听闻的消息，使诺贝尔又一次被人们抛弃。面对接踵而至的灾难和困境，诺贝尔并没有因此一蹶不振。他最终征服了炸药，获得了成功。他一生拥有专利发明 355 项。他用自己的巨额财富创立的诺贝尔奖，更是被国际学术界视为一种崇高的荣誉。

恒心既是在实现目标过程中不可缺少的条件，也是发挥潜能的必要元素。恒心与追求结合之后，便会形成百折不挠的巨大力量。从诺贝尔的成功不难看出，干事情要经得起挫败，要有恒心和毅力，绝不能半途而废。孩子们，当你们在做一件事的时候，一定要坚持到底，否则就会一事无成。

## 大胆想象，刻苦钻研 ●

治学的秘诀究竟是什么？胡适先生说："大胆假设，小心求证。"张中行先生说："心在天上，脚在地上。"范文澜一贯主张读书治学要做到"天圆地方"。所谓"天圆"，就是要有灵活的头脑，勤于思考。所谓"地方"，就是要能坐得下来，埋头苦干。比较之后，不难发现：大胆的想象与刻苦的钻研是达成自己人生目标的关键。

大胆的想象是取得成功的先决条件之一。人常说："没有异想，哪有天开。"换言之，要想取得"天开"的成果，首先得有大胆的想象。如果不是有人想要发明蒸汽机，人类就不会有第一次工业革命；如果不是有爱因斯坦大胆提出相对论，人类就不会进入原子时代；如果不是有人想要发明电灯、电话、电脑等电器，人类就不能进入信息时代。

纵观历史，人类成长的每一步都与大胆的想象密不可分。正是那些大胆的想象激励并引导着人们走向文明、走向发展、走向繁荣。当然，光有大胆的想象还远远不够，天上不会掉馅饼。要想取得成功，还要靠自己的努力。

刻苦钻研才是打开成功之门的金钥匙。有了大胆的想象后，我们要竭尽所能地把它变为现实。爱迪生为了发明电灯做了几千次实验，试了上千种材料；居里夫妇为了发现镭，做了无数次实验，牺牲了健康；诺贝尔为了发明炸药，更是无数次地身临险境，多次被炸得遍体鳞伤。正如培根所说："成功是苦根上长出的甜果。"无数的事实证明，要想取得成功，除了刻苦钻研别无他法。大胆的想象是成功的先决条件，而刻苦钻研则是成功的保证。二者同等重要，缺一不可。

## 在不幸中把坚持的牌打下去

1955 年，18 岁的金蒙特已经是美国最年轻、最受欢迎的滑雪选手之一了。

她的名字出现在大街小巷。照片更是被刊登在各大杂志的封面。美国人民都很看好金蒙特，相信她一定能替美国夺得奥运会的滑雪金牌。

然而，一场悲剧却使这一切成了泡影。

在奥运会预选赛的最后一轮比赛中，由于雪道过滑，金蒙特不小心从雪道上摔了下去。当她醒来时，发现自己正躺在医院中。她虽然保住了性命，但肩膀以下却瘫痪了。

金蒙特非常努力地想让自己从瘫痪的痛苦中脱离出来。因为她明白，人活在世界上只有两种选择：要么奋发向上，要么从此意志消沉。金蒙特做了积极的选择，因为她仍然坚定不疑地相信着自己的能力。

在好几年的时间里，她的病情都处于时好时坏的状况。但她从未放弃过。几经艰难，金蒙特慢慢学会了写字、打字、操纵轮椅和自己进食。同时她也找到了今后人生的新目标，那就是成为一名教师。

由于她行动不便，所以当她向教育学院提出教书的申请时，院长和医生们全部都认为，以金蒙特的身体状况，实在不适合当教师。

然而，金蒙特想要当教师的信念十分坚定，她并没有因为遭到歧视和反对就宣告放弃。她仍然坚持接受康复治疗，并且不断努力地念书。终于在 1963 年，她收到了美国华盛顿大学的教育学院聘请，实现了一直以来当教师的愿望。

故事里的主人公积极面对命运的挑战，不认输不放弃，最终在另一个领域实现了自己的人生价值。虽然我们无法避开不幸，但是我们却可以选择用什么样的方法去面对困境，让自己在不如意中找到新的出路。

要想成为生活中的佼佼者，首先要有积极的心态和勇于克服困难的勇气。遇到困难，要有一个积极的心态，你要相信一切困难都是暂时的。遇事多往好的方面想，不要给自己在心理层面再设一道障碍，使得原本的困难更加难以克服。一个拥有积极心态的人，在困难面前看到的都是机会，而一个拥有消极心态的人，就算机会摆在面前他看到的也都是困难。长此以往，拥有积极心态的人和消极心态的人，自然就分出了人生的胜负。

我们不应该固守自己的领地，而要勇于开拓创新，具备勇敢的精神，不要在机会面前犹豫彷徨，患得患失。机会来了，有时需要我们放弃已经获得的东西，这并不是功亏一篑或半途而废，而是为了谋求一种更好的发展。如果你在适当的时候勇敢地去迎接挑战，你多半会惊讶地发现，自己抛开的不过是一把遮挡视线的雨伞，因此也看到了更加开阔的景色。

另外，我们不要接受不切实际的任务，也不要对自己设置过高的目标。设置不切实际的目标，万一自己没达成就会有一种挫败感。但是，这并不意味可以不去接受挑战。对于困难的事情，要仔细分析解读，制订一个周密的计划，从而一步步达成目标。

## 一切苦难都是为了让我们更强大 •

古希腊有一位国王。他虽然拥有至高无上的权势和享用不尽的荣华富贵，但他并不快乐。他可以主宰自己的臣民，却难以控制自己的情绪。种种莫名其妙的焦虑和忧郁时常让他闷闷不乐、寝食难安。

一天，国王召来了当时最负盛名的智者，要求他找出一句人间最有哲理的箴言。这句浓缩了人生智慧的话必须有一语点醒之效，能让人胜不骄、败不馁，得意时不忘形、失意时不伤神，始终保持一颗平常心。智者答应了国王，条件是国王要将佩戴的那枚戒指交给他。

几天后，智者将刻有箴言的戒指还给了国王，并再三告诫他：不到万不得已，别轻易取出戒指上镶嵌的宝石。否则，箴言就不灵验了。

没过多久，邻国大举入侵。国王率部下拼死抵抗，最终整个城邦陷入敌手。于是，国王四处逃命。

有一天，为逃避敌兵的搜捕，他藏身在河边的茅草丛中。当他掬水解渴，猛然看到自己的倒影时，不禁伤心欲绝。谁能相信如今这个蓬头垢面、衣衫褴褛的人，就是那个曾经气宇轩昂、威风凛凛的国王呢？

就在他双手掩面，欲投河轻生之际，他想到了戒指。他急切地抠下了上面的宝石，只见戒指内侧镌刻着一句话——这也会过去！

顿时，国王的心头重新燃起希望的火花。从此，他忍辱负重、卧薪尝胆，重招旧部东山再起，最终赶走了外敌，赢回了王国。

当他返回王宫后，所做的第一件事便是将"这也会过去"这句箴言镌刻在象征王位的宝座上。

一切苦难都是暂时的，一切逆境都是可以忍受的。不管生活给了我们多少挫折与变故，只要我们依旧保留着不灭的信念，坚持下去，我们的人生就会有意义，我们的生命就不会枯竭，我们的未来就绝不是梦想。

有时，成功很简单，只要再坚持一下。跨越那条苦难的界限，你就将属于成功一族；不能跨越界限的人，无论你和那条界限的距离有多么近，你也属于一个失败者。如果你现在身处困境之中，那就发挥你的全部能量吧，冲破那条界限，你可能就是成功者。成功和失败，往往取决于你能否再咬咬牙。

在成长的路上，只有在逆境与挫折中坚持到底才能掌握自己的命运。孩子们从小就要有恒心面对挫折，做生活的强者。

要做一个强者，首先是做一个精神上的强者，做一个坚韧不拔、威武不屈的人。在你面临绝境时，在你气喘吁吁甚至筋疲力尽时，你只要再坚持一下、奋力拼搏一下，困难就会被你征服。

# 成功，就住在坚持的隔壁 ●

当你参加模型比赛失败时，当你在半山腰放弃登山时，你是否认真想过，要想获得成功，除了刻苦和努力外，更多地还需要你抱有一个自己一定会成功的坚定信念。通往成功的道路上充满了艰险和等待，就像帕里斯烧制出法国最珍贵的陶器——彩陶，整整花了 16 年的时间。

1510 年，帕里斯出生在法国南部。长大后的他一直从事玻璃制造业。帕里斯平静的生活在一个宁静的清晨被打破。那一天，他在朋友家看到一只精美绝伦的意大利彩陶茶杯。就是这一眼，改变了他的一生。帕里斯从那一刻起，就在心里暗暗下定决心："我一定要烧出这样美丽的彩陶。"

当帕里斯建起砖炉，买来陶罐打成碎片，开始摸索着烧制彩陶的时候，他并不知道前面还有那么长的一段路在等着他，他更不知道自己对成功的追逐会得不到家人的理解与支持。纵使前方路途遥远，充满无法预知的凶险，帕里斯还是决定把彩陶烧下去。这时候，帕里斯家门外已经堆满了像小山一样的碎陶片，家人也开始埋怨他，而且他已经穷得身无分文。

他买了很多陶罐，打碎、研究、自己烧制，就这样一直重复下去，他心目中的彩陶却仍不见踪影。每当家里揭不开锅的时候，帕里斯就重操旧业，挣来钱继续进行自己的试验。

有一次燃料不够了，眼看就要功败垂成，帕里斯拆下院子里的木栅栏就往炉子里扔。他的心中只有一个信念："怎么也不能让火停下来呀！"等木栅栏不够了，他便搬出家具，劈开扔进炉子里。可还是不够，他又开始拆屋子里的门板。听到木头"劈劈啪啪"的爆裂声和妻子儿女们的哭声，他心里异常难过。更令人难过的是，只听"嘭"的一声，炉内所有的彩陶都沾染上了黑点，成了次品。多年的心血又毁于一旦。

几年下来，碎陶片在炉旁堆成了山。帕里斯想："试验了这么多年，为什么还没有结果呢？难道是研究的材料不对？"以后连续几年，他又挣钱买燃料和其他材料不断地试验，还是没有结果。这时，周围的邻居开始纷纷议论了："你瞧帕里斯那整天魂不守舍的样，他也就是一个蹲在炉旁过一辈子的命。""就是，还异想天开要搞什么发明呢。"

听到大家这么说，家人也开始抱怨了："你为了研究那破陶片，整天衣不解体，家也不顾。要是再这样，日子就没法过了。"就这样，哪怕人们都叫他"大傻瓜"，他也只是默默承受，把别人对他的误解转化为研究的动力。无论何时，他都坚信："我一定会成功。"

经过16年的反复试验，帕里斯终于成功了。当那一刻到来的时候，他反而很平静。虽然他的作品成了稀世珍宝，价值连城，被艺术家们争相收藏，但他知道没人体会得到光环之外的辛酸！

有时，成功就像一位姗姗来迟的姑娘，没有足够的耐心和坚定的信念是看不到她的真实面孔的。所以，当你怀疑自己还有没有必要在成功的路上守望时，不妨想想经过了16年才迎来成功的帕里斯。你会发现，自己面临的困难是多么的微不足道。

成功不会一蹴而就。要想取得胜利就要坚持不懈地努力。每个人生来都具有强大的力量。强者与弱者之间，大人物与小人物之间最大的差异就在于他们对自身力量的发挥和利用不同。一旦确立目标，通过奋斗是可以取得成功的。在对有价值的目标追求的过程中，坚韧不拔的意志力是成功的基石。所以在学习和生活中，一定要学会坚持，只有坚持才能取得成功。

想要有所成就，不但需要力量和勇气，还需要坚韧不拔的品质。

　　学会坚持，就意味着踏实、刻苦，不给自己找借口。只有坚持的人才会成功，才能从始至终完整地体验一个属于自己的历程。

　　我们要尝试、尝试、再尝试，才能突破重重阻碍。一切障碍不过是我们成功路上的弯路。我们要像水手一样，乘风破浪，奋力拼搏。

## 聚少成多的力量

　　卡特·华尔德曾经是美国近代诗人、小说家和钢琴家爱尔斯金的钢琴教师。有一天，他给爱尔斯金上课的时候，忽然问他："你每天要练多长时间的钢琴？"

　　爱尔斯金说："3 小时。"

　　卡特又问："你每次练习的时间都很长吗？"

　　爱尔斯金说："是的。每次差不多 1 小时。我认为这样才能提高水平。"

　　"不，不要这样！"卡特说，"你长大以后，每天不会有很长时间的空闲。你需要从现在就开始养成习惯，一有空闲就几分钟几分钟地练习。比如，在你上学以前，或在午饭以后，或在工作的休息时间，5 分钟、5 分钟地去练习。把练习时间分散在一天里面，这样，弹钢琴就成了你日常生活中的一部分了。"

　　当时 14 岁的爱尔斯金对卡特的忠告并未在意，后来回想起来才觉得卡特的话真是至理名言，并且让他受益匪浅。

当爱尔斯金在哈佛大学教书的时候，他想兼职从事创作。可是上课、批作业、开会等事情似乎把他白天和晚上的时间都占满了。差不多有2年，他一直不曾动过笔。借口是："没有时间。"后来，他突然想起了卡特先生告诉他的话。到了下一个星期，他就开始践行卡特的话。只要有5分钟左右的空闲时间，他就坐下来写100字或短短的几行。

出乎意料的是，在那个星期结束的时候，爱尔斯金竟写出了相当多的稿子。

后来，他用这种聚沙成塔的方法进行长篇小说的创作。虽然学校给爱尔斯金的教学任务一天比一天重，但是他每天仍有许多零碎的时间可以利用。他一边练琴一边写作，最后取得了骄人的成绩。

人们总以为做大事就需要大块的时间。当很多"宏伟"的计划没有实现时，人们便拿"没时间"当作理由，理直气壮，冠冕堂皇。实际上，时间像任何有形的东西一样，是可以积累的。小块的时间可以被"挤出来"，凑成大块的时间。换句话说，大计划可以被分解成许多小计划。一步一步实现小计划，最后就能实现大计划。

人的生命是有限的，你是否仔细地想过如何充分地利用时间去充实你有限的生命呢？有的人总是说："时间还多着呢！"于是等到生命将尽时才追悔叹息。有的人紧紧地抓住每一分每一秒，无限地充实自己的生命，由此取得了一个又一个成就。即使在闭上眼睛的那一刻，他也注定是无怨无悔的。

一个人的生命是有限的，能力、精力也是有限的。你不可能将每件事都不分轻重缓急地统统做完，特别是一些无关紧要的，既耗费精力又费时间的事情。因此，人置身于纷繁芜杂的世间万象中，就要排除其他干扰，专心致志地有所为。

据一位著名学者多次对人脑进行脑功能的测试后发现，大脑在上午8点具有严谨、周密的思考能力，在下午2点思维最敏捷。一天之中，记忆力较好的时间段有4个，分别是早晨6点，上午10点，下午4点和晚上8点，其中晚上8时是记忆力最强的时候。逻辑推理能力从早到晚是逐步减弱的。基于以上测试结果，上午处理比较严谨、周密的工作，下午做那些需要快速完成的工作，晚上可做一些需要加深记忆的事。对于做某项工作效率最佳的时间，更要加倍"珍惜"，是一点也"耗费"不得的。

另外，在等车、等电话时可以读书看报；利用手机"备忘录"功能，随时记下各种有价值的资料，以备使用。如果能做到这些，相信你一定可以做出一番成就来。

## 走在勇往直前的路上 •

晓丽从小就很努力，可命运总是跟她开玩笑。

为了能读书，晓丽6岁起就开始帮父母干活。到了卖柑橘的季节，她常常凌晨两三点钟就得起床，走七八千米的山路，帮母亲把柑橘背到街上，然后再赶到学校上课。即使这样，她初中时还是被迫辍学了，因为家里供不起她念书。母亲说，"我的这个娃儿几乎是饿大的，不是喂大的，命苦。"

为了改变命运，晓丽做过建筑工人，摆过地摊，卖过小火锅，承包荒山种苦竹，养鸡，养猪……她尝试过几十个项目，不停地放弃，不停地开始，始终过得不富裕。

直到有一天，一次偶然的机会，晓丽吃到了一种口感特别的蔬菜。那是在她家乡极为常见的一种蔬菜。它叫大头菜，是芥菜的一种。不过她吃到的是一个邻居用祖传的手艺腌制的。它的味道非常独特，兼具麻辣鲜香脆的特点，不像传统的腌制大头菜那么咸。它甚至可以当零食吃。她想，如果能把它开发成产品，一定会有很多人像自己一样喜欢吃。

晓丽决定放弃目前的工作，开发大头菜。她向邻居提出了合作开发大头菜的想法。没想到对方一点商量的余地都不给，一口就回绝了。原来邻居家的手艺是祖传的。他家的祖上有规矩，腌制大头菜的独门绝技都是直线单传的，即使没有孩子也不允许外传。

这样的拒绝并没有让晓丽灰心丧气。她频繁地去邻居家。她闭口不提合作的事情，只是帮忙做些家务，闲扯聊天。时间长了，她与邻居家越来越亲近。终于有一天，邻居被她的诚意所打动，同意合作办一个大头菜加工厂。

晓丽立刻用东拼西凑的钱购进了 7 吨大头菜，就在她的家里开始了制作大头菜的试验。

制作腌菜的传统方法，是将大头菜一个一个穿起来，挂在院子里自然风干。成吨的大头菜都挂起来，显然太耗费人力了。为了省工省力，他们决定改进工艺，全部平摊着晾晒。七八天后，当她兴致勃勃地拿起大头菜查看时，瞬间心里就凉了半截。原来，大头菜朝下的一面因为不能跟空气接触已经腐烂变质了。

7 吨大头菜没等腌制就全部被扔掉了。不过晓丽没有气馁，而是四处筹款，再次购进了 5 吨大头菜，并研究调整晾晒方法。这次他们专门制作了一个铁炉，希望在大头菜霉变之前就进行烘干。然而，试验还是失败了。大头菜一吨接着一吨地被扔掉。借来的钱也跟着全部打了水漂。

邻居想打退堂鼓了。晓丽也心疼，但她无路可退。

试验再次启动。晓丽放弃了之前的晾晒方法，采用了传统的方法——人工穿挂晾晒。为了节省人工，她成了主要劳力。为了最后的希望，她几乎拼尽全力。有时干到凌晨，大家都受不了，倒下睡了，她仍坚持把手头的菜穿完。指头都穿破了，她也没哼一声。

穿完的大头菜需要挂在架子上，经过 20 天的晾晒才可以用来做腌菜。当那麻辣鲜香的味道浸满她的口中时，她禁不住热泪盈眶。

试验成功了。晓丽再次举债，一下子就买回了10吨大头菜。那一串串大头菜挂满了架子，就好像一道迷人的风景线。她吃苦的精神和灵活的头脑赢得了合作伙伴的信任。在历尽艰辛之后，2008年年初，承载着财富梦想的大头菜产品终于问世了。短短几年间，公司的销售收入就达到了2500万元。

对那些正在创业的旅途中苦苦思索成功秘诀的人来说，故事里主人公的经历或许能给出一份令人欣慰的答案。机会对每一个人来说都是一样的。失败并不可怕。要知道，当你真心想做成一件事的时候，全世界都会为你让路。只要树立强大的信念，不懈地坚持和努力，终有一天你会突破困境，取得成功。

人在年轻的时候就像一张白纸，什么都不知道，什么都没有，周身却充满了使不完的精力。但正因为青春时期的不知深浅进退，所以凡事都敢想、敢做。

所谓初生牛犊不怕虎。敢想、敢做、敢输，这正是年轻的优势。年轻人要敢于迈出第一步。不管这一步站不站得稳，不迈出这一步，此后成家立业便无从谈起。虽然在年轻时我们会经历无数的失败，吃无数的亏，但不要因此而灰心丧气。

人生路上一时的挫折不应该掩盖梦想绚丽的色彩。我们最大的优势就是有不断尝试和不断犯错的资本，在多次的选择与放弃中最终确定最适合自己的发展道路。

## 不要限制你的未来 •

乐乐是一个成绩平平的初中生，每天和大家一起上学，一起放学，一直没有什么出众的表现。乐乐的妈妈期望自己的儿子是一个神童，或者在未来能够有大的作为。可是儿子的表现让她很失望。她经常对着抱怨："你说你什么都不强，以后怎么在这个社会安身立命？"

每次妈妈数落乐乐的时候，他都低头不语。妈妈的期望很高，希望他像爱因斯坦一样，或者像莫扎特也行，起码有某方面是有着卓越的潜力的。

乐乐个性温和，没有跟妈妈因此而吵架。他总是默默地听着妈妈的数落。有时候自己一个人的时候，他会想，"我是不是就这么笨呢？是不是我就是注定一辈子一事无成呢？"想着想着，他认为妈妈说的话很有道理。他开始认为，自己就是一个一无是处的孩子，以后也注定是一个一无是处的人。

其实乐乐不像他妈妈想的那样，对任何事情都不感兴趣，在任何方面都没自己的专长。他是一个动手能力很强的孩子。屋子里放满了他拆了装，装了又拆的玩具。他喜欢看机械装置方面的图书和杂志。在一次学校组织的主题夏令营活动中，他还因为自己制作的遥控小飞机而获了奖。当校长邀请他发言的时候，他犹豫了："校长，我会把发言搞砸的。我从小就什么事都做不好。"校长看着这个为难的孩子："傻孩子，你做的小飞机就很好呀！

每个人都会在自己热爱的事情里面找到适合自己的位置！"

乐乐犹豫再三，终于站到了领奖台上。他说："我一直以为，我的未来就是我什么也做不了。我的小飞机给我带来了希望。或许有一天，我也能成为一个可以造出航天飞机的科学家。"

受邀请来参加颁奖典礼的妈妈也意识到自己在平时对孩子的态度有问题。听了儿子的发言，她感到既内疚又高兴。内疚的是，自己的话给儿子的心灵套上了枷锁；高兴的是，她意识到了这一点，并且儿子对未来充满了信心。

台下响起了热烈的掌声，一个孩子的希望被点燃了。

乐乐妈妈的错误观念差点扼杀了一个未来的航天领域的科学家的梦想。每个人都是自己人生的设计师。没有人可以预言我们的将来。我们要像乐乐一样跳出别人的"定论"，勇敢地活出自己的精彩人生。

爱因斯坦7岁之前总是沉默寡言，并且轻声重复自己的话。老师给他的评语是："反应迟钝，不合群，满脑袋不切实际的幻想。"法国化学家巴斯德在读大学时表现并不突出。他的化学成绩在22人中排第15名。牛顿在小学时的成绩一团糟，曾被老师和同学称为"呆子"。法国雕塑家罗丹的父亲曾抱怨自己有个白痴儿子。在众人眼中，罗丹曾是一个毫无前途的学生，考了三次艺术学院还考不进去。《战争与和平》的作者托尔斯泰读大学时因成绩太差而被劝退。老师认为他"既没读书的头脑，又缺乏对学习的兴趣"。

如果这些人不是"走自己的路",而是被别人的评论所左右,怎么能取得举世瞩目的成绩呢?

哪怕你现在还不是优秀的人,不管在什么情况下,都不要轻易放弃理想。

我们的人生,要靠自己去雕琢。我们要选择自己的生活道路,确定自己的人生目标。按照别人的设想去生活的人,他的人生注定只能平淡无奇。只有对自己的人生充满激情和梦想的人,才能不断地超越自己,攀上一个又一个高峰。人生也因此而绚丽多彩。

## 享受不断超越的过程 •

张一凡是学校里的名人。学校里的学生和老师都听说过他,都知道高二(9)班有个很优秀的男生叫张一凡。高一的孩子们刚进这个学校的时候都会听到从高年级的学生那里流传的关于张一凡的传奇故事。

如果你在学校里遇见张一凡,肯定不会觉得他像你想象的那样璀璨夺目。他只是一个平凡的孩子,如同他的名字。他是一个体育生,是靠着体育特招来到这所重点高中的。他刚来的时候,班上的很多同学都觉得,体育生都是每天去操场跑步,学习成绩很差,上课就睡觉的孩子。然而张一凡用行动改变了很多人的看法。

张一凡是练长跑的。看着他跑步,你会觉得他就像是永动机,永远不会累。每次学校开运动会的时候，都能看见他飘逸的身影。对别人来说无比艰难的万米长跑，对他来说就是一场表演。

跑得快，不足以让一个体育生在这所以学习成绩闻名的重点高中成为传奇。张一凡的惊人之处在于，他的学习成绩也能在全年级两千多人里遥遥领先。

他最富传奇色彩的故事是高二时参加一个锦标赛获得了金牌，同时被清华大学破格录取。他可以从高二年级直接升学去清华大学。但他拒绝了。

他依然在这所中学里，每天去训练，每天上课，跟大家一样参加考试，有时候会出去几天参加各种比赛。生活依旧在继续。他还在迎接他的每一次挑战，享受每天的进步。体育训练上有些小的突破，或者看了些新书，或者认识了几个新朋友，都能让他开怀。

张一凡说："我是一个平凡的男生。我不要一步登天的感觉，那样会让我飘飘然。我会一步一步跑过来，并且享受每一次挑战。就像是一场场赛跑，我会在每一次挑战里都全身心投入，享受这个过程。"

张一凡的选择让人敬佩。他本可以选择唾手可得的名校，但更让他着迷的是超越的过程。人生就是一个不断超越的过程。奋斗的动力源于拥有一个可以不断超越的目标。

一个人在现代社会中生存，知识面越广，得到的信息就越多，人生的视野就越开阔。一个鼠目寸光的人很难有所作为。超越不了自己，就谈不上超越别人。这不但不利于自己的发展，也很难在竞争激烈的社会上立足，很可能被时代的潮流抛弃。

追求超越自我的人，每一分每一秒都活得很充实。除了工作和赚钱以外，他们的人生还有其他意义。若非如此，即使身居高位，生活富裕也会感到空虚、乏味，不知生活的乐趣究竟在哪里。

那些在人生战场上的真正赢家，他们都拥有远大而明确的目标。他们追寻生命的真谛，不断超越自我。为了享受生活的乐趣，他们不仅剖析自我，而且从大处着眼，积极进取。